Papier fresserchen

Papierfresserchens MTM-Verlag

Liebe Leseratten,

fünf Zwergziegen sind meine besten Freunde. Sie begrüßen mich immer, wenn ich sie besuche, und dann machen wir alle zusammen einen schönen Spaziergang. Mein Hund Eamon ist auch mit von der Partie. Dabei erleben wir natürlich die lustigsten Sachen; denn mal ehrlich, wer geht schon mit fünf Ziegen und einem Hund spazieren? Irgendwann möchte ich die dabei erlebten Geschichten einmal aufschreiben. Bis dahin erfreue ich mich an euren tierisch gut(e)n Kindergeschichten.

Mit Tieren zu leben ist das Schönste, was ich mir vorstellen kann. Man muss natürlich gut für seine Tiere sorgen. Sie brauchen Pflege, den richtigen Platz zum Leben, immer das Richtige zu essen (Ziegen zum Beispiel sind sehr wählerisch) und manchmal auch Medizin.

Damit alle Menschen, die Tiere haben, immer wissen, wie sie das Richtige für ihre Schützlinge tun können, mache ich zusammen mit Dr. Carl A. Claussen einen Fernsehsender, der nur über Tiere berichtet. Dort werden alle Fragen beantwortet, die unsere Zuschauer haben, und natürlich ganz viele Tiere gezeigt.

So wollen wir dazu beitragen, dass es den Tieren immer gut geht, und wir alle viele schöne Geschichten mit ihnen erleben können.

Ihr könnt dabei mitmachen. Schaut einfach im Internet unter www.tier.tv oder schaltet euren Fernseher ein. Eurc

TIER TV *Simoné Debour*

MARTINA MEIER (HRSG.)

TIERISCH gut(e) Kindergeschichten

Mit einem Vorwort von Annette Langen

Titelbild und Illustration: Walburga Wedig
www.wedigdesign.de

Schmetterling-Illustration, S. 185: Moira Frank

Ein ganz besonderer Dank gilt Cordula Kanehl, die mit jeder Menge Elan alle per „Schneckenpost“ eingegangenen Texte für dieses Projekt erfasst hat.

1. Auflage 2007, Druck: Fuldaer Verlagsanstalt

ISBN: 978-3-940367-01-3

Am Tobel 6, 88368 Bergatreute, Deutschland

www.papierfresserchens-mtm-verlag.de
info@papierfresserchen.de

Hallo, ihr Buch- und Tierfreunde!

Wisst ihr, dass ich eigentlich auch schreiben könnte: „Hallo, ihr Kollegen?" Denn ich finde, ihr alle habt für dieses Buch so wunderschöne Tiergeschichten ausgedacht und aufgeschrieben. Wer weiß, vielleicht werdet ihr später ja auch einmal SchriftstellerInnen?

Denn genau so hat das damals bei mir auch angefangen. (Nur gab es noch keine Schreibwettbewerbe für Schulkinder.) Trotzdem habe ich aufgeschrieben, was ich in unseren Ferien auf dem Land so alles erlebt habe. Da habe ich mit meinem Bruder Frösche gefangen, auf einem kleinen Bauernhof im Stall und bei der Ernte mitgeholfen, melken gelernt und hatte eine Lieblingskuh, Rosa, auf der ich heimlich geritten bin. Tja, irgendwie sind mir seitdem die Tiere von selbst über den Weg gelaufen… und viele von ihnen tauchen in meinen Büchern auf.

Stellt euch vor, als ich in der dritten Klasse war, habe ich auf dem Schulweg eine kleine Maus aus einem Papierkorb gerettet und wollte sie so gerne behalten. Nur – es war schon viel zu spät, um sie nach Hause zu bringen. Also habe ich die Maus in meine Regenmanteltasche gesetzt und bin zur Schule gerannt. Als ich meiner Lehrerin sagte, dass da eine Maus in meiner Manteltasche sitzt und unbedingt einen Mausekäfig bräuchte, wollte sie mir das gar nicht glauben. Sie brachte mich ins Lehrerzimmer, auch der Direktor dachte, ich würde lügen! Also holte ich die kleine Maus aus der Manteltasche heraus…

Nie wieder sah ich zwölf Lehrerinnen kreischend auf Stühle springen und nie wieder sah ich einen Direktor mit einen so hochrotem Kopf.

Merkt ihr etwas? Die besten Geschichten schreibt oft das Leben. Dies sind meine Tipps für junge SchriftstellerInnen wie euch:

1) Immer Ohren und Augen aufhalten und „sammeln". Meine Geschichten setzen sich oft wie ein Mosaik aus vielen einzelnen Momenten oder Erlebnissen zusammen.

2) Bevor ich etwas schreibe, stelle ich mir die Situation und die Figuren, die darin vorkommen, und die Stimmung ganz genau vor. Erst wenn ich es fast richtig vor mir sehe, schreibe ich es auf. (Aber natürlich ändere ich meine Texte trotzdem noch hin und her, bis ich denke: genau so soll es sein.)

Der letzte und weltbeste Schriftsteller-Tipp kommt übrigens nicht von mir, sondern von Johann Wolfgang von Goethe. Sein Geheimrezept lautet: „Schreibe nur, wie du reden würdest, dann wird es gut!"

PS: Diese drei Tipps funktionieren nicht nur bei Büchern, probier es vielleicht mal beim nächsten Aufsatz in der Schule aus!

Vor allem wünsche ich euch weiterhin viel Spaß beim Schreiben und Lesen. Meine Tochter Isabel, die bald elf Jahre alt wird, sagt dazu: „Lesen, das ist wie Kino im Kopf." Und das Beste ist: ihr führt dabei die Regie! In diesem Sinne, lasst von euch lesen,

herzlichst

Annette Langen

Die Spinne

Von Julia Madeleine Heinze
13 Jahre alt, aus Dassendorf in Deutschland

Da sitzt sie, acht lange, behaarte Beine, ein dicker, kleiner Körper, ebenfalls behaart, und dann diese dunklen Augen, leer und morddurstig. Schwarz ist sie, die Spinne, schwarz wie die Nacht. Und groß. Riesig. Mindestens zehn Zentimeter. Direkt vor mir sitzt sie, die Spinne. Auf meinem Schreibtisch. Ich wollte gerade Hausaufgaben machen, da krabbelte sie auf meinen Tisch, die Spinne.

Meine Hände krallen sich um die Lehnen meines Stuhls. Jeden Teil meines Körpers spüre ich nun überdeutlich. Ich bringe keinen Laut heraus. Wahrscheinlich sind es die Augen der Spinne, welche mich nun anstarren, die mir den Rest geben. Meine Augenlider fangen an, krampfhaft zu zucken, meine Arme zittern unkontrolliert, meine Beine erstarren. Vor meinen Augen wird es immer wieder schwarz.

Es gibt nur noch mich und die Spinne. Unseren Kampf. Meinen Kampf gegen sie. Obwohl es wahrscheinlich eher ein Kampf gegen mich selbst ist. Gegen meine Angst.

Auf einmal streift etwas mein Bewusstwein. Etwas außer der Spinne… Eine Stimme? Bilder fluten meinen Kopf. Helle Bilder. Von meiner Familie, meinen Freunden, meinen Verwandten. Ich sehe Annika, meine beste Freundin, wie wir zusammen beim Dorffest Bratwürste essen. Meine Cousine Lara, meinen Onkel Hans und seine Frau Klara auf dem letzten Familientreffen. Meine Mutter, die mich eben wohl gerufen hat. Meine Brüder Niklas und Jens, meine Schwester Tara, wie sie vor dem Haus toben, Fußball und Fangen spielen. Ein glückliches Gefühl durchströmt meinen Körper. Es gibt mir Kraft, lässt mich erstarken.

Ich gewinne wieder Oberhand über meine Glieder. Über meine Gedanken. Mich selbst. Jetzt bin ich es, die in unserer Schlacht gewinnen wird. Ich starre das Ungetüm an, und die Spinne weicht immer weiter nach hinten, dann dreht sie sich um und krabbelt weg.

„Kommst du jetzt zum Essen, oder soll ich mir die Beine in den Bauch stehen und darauf warten, dass Madame sich endlich entschließt, doch zu kommen", höre ich die genervte Stimme meiner Mutter. Ein Lächeln stiehlt sich auf meine Lippen und ich renne die Treppe hinunter, um etwas zu essen, denn auf einmal habe ich einen Heißhunger.

Wohin die Spinne damals krabbelte, weiß ich bis heute nicht. Die Hauptsache aber ist, dass mir seit jenem Tag keine Spinne mehr bei den Hausaufgaben über den Weg gelaufen ist.

Kleiner Adler und Blackshadow

Von Leonie Wessel
13 Jahre alt, aus Bredstedt in Deutschland

Damals vor vielen Jahren, bevor Christoph Columbus Amerika entdeckte, geschah diese merkwürdige Geschichte:

Es war einmal eine kleine Indianerin, sie hieß kleiner Adler und war zehn Jahre alt. Sie hatte immer noch keinen eigenen Mustang und sie wollte einen fangen, ganz alleine! Zwar hatte ihr Bruder gesagt, er würde ihr eine Mustangstute mitbringen, aber sie wollte nun mal den großen schwarzen Hengst, der ihr schon so oft begegnet war!!! Die nächste Nacht, als ihr Bruder mit ein paar anderen Männern losgezogen war, ging auch kleiner Adler in ihr Tipi, um zu schlafen. Aber sie schlief nicht sehr gut, sie träumte, dass der große schwarze Hengst auf sie im Knochental warten würde. Sie hatte auch schon einen Namen für ihn gefunden, er sollte Blackshadow heißen!

So stand kleiner Adler früh auf, nahm sich ein Stück Brot und machte sich auf den Weg ins Knochental. Es war ein langer Weg dorthin. Sie ging aus dem Lager, raus in die Steppe. Dort ging sie sehr lange. Nach einigen Stunden wurde sie immer müder und müder, nun stolperte sie oft über die kleinsten Steine. Doch als sie eine große Schlucht sah, wurde sie wieder hellwach.

Das Knochental war übersät mit Knochen und toten Bäumen. Und es war kein Traum! Dort stand der große schwarze Hengst, er stieg und war stolz und prächtig, so wie kleiner Adler ihn immer gesehen hatte. Dort stand er und wartete im Knochental auf den kleinen Adler!!

Kleiner Adler ging auf ihn zu und klopfte ihm auf die Schulter. Der Hengst wendete kleiner Adler die Seite zu, so dass sie aufsitzen konnte, machte sich im Jagdgalopp aus der Schlucht, über die Steppe auf den Weg zum Lager.

Dort staunten die Frauen nicht schlecht, als kleiner Adler mit einem wilden Hengst ankam. Über den Tag hinweg dachten nicht nur die Frauen über das Geschehen nach, nein, auch die älteren Mädchen von 13 bis 16 Jahren überlegten, ob sie nicht selber losziehen sollten, um sich einen Mustang zu fangen.

Einen Tag später kam der Bruder wieder zurück und drückte dem kleinen Adler einen Strick in die Hand. Sagte, dass diese Stute nun ihr gehöre. Die Stute war wunderschön, sie hatte weiß-braune Flecken und einen weißen Stern auf der Stirn, aber kleiner Adler gab ihm den Strick wieder zurück und pfiff so wie sonst nur die Männer pfeifen konnten! Da kam der große schwarze Hengst angesaust und hielt neben dem kleinen Adler an. Kleiner Adler sagte daraufhin: „Nur weil man eine Frau oder ein Mädchen ist, heißt das nicht, dass man nicht selbst einen Mustang fangen kann!!!“

Mit diesen Worten saß sie auf Blackshadow auf und ritt davon.

Und wenn unsere beiden Freunde nicht gestorben sind, dann laufen sie noch heute über die Steppe.

Der kleine Drache

Von Fabian Schmitz-Peiffer
8 Jahre alt, aus Dresden in Deutschland.

Es war einmal ein kleiner grüner Drache. Der lebte ganz allein mit Mama und Papa auf einer kleinen Insel. Eines Tages sagte der kleine Drache zu Mama und Papa Drache: „Ich will mal die Welt besehen." Mama und Papa hatten nichts dagegen.

Also packte Mama dem kleinen Drachen in den Rucksack einen Apfel, Butterbrote und Apfelsaft ein. Am nächsten Tag verabschiedete sich der kleine, grüne Drache von seiner Mama und seinem Papa. Dann flog er los. Er flog sehr lange, bis er unter sich ein Drachenland sah. Er flog hinab.

Auf der Dracheninsel war eine Höhle, eine sehr dunkle Höhle. Plötzlich hörte er ein Geräusch. Ein hechelndes Geräusch, als ob jemand außer Puste wäre. Er guckte in die Höhle hinein und sah etwas Rotes funkeln. Seine Beine zitterten, aber die Neugier war größer.

Der kleine, grüne Drache ging hinein und sah einen kleinen weinenden roten Drachen. Der kleine, grüne Drache fragte den roten Drachen: „Was ist denn mit dir los, du bist ja ganz außer Puste?" Der kleine, rote Drache sagte: „Der König hat gesagt, wer mich fängt, kriegt die Prinzessin zur Frau."

Da hatte der kleine, grüne Drache eine Idee: „Wir machen einen ganz großen Tomatenhaufen. Du lockst die Ritter an und springst hinter den Tomatenhaufen, die Ritter stechen ihr Schwert in den Tomatenhaufen und denken, das wäre dein Blut und sie reiten dann in die Burg zurück und holen die

Prinzessin.“ „Ja“, sagte der kleine, rote Drache. Wie geplant, so gemacht.

Der rote Drache lockte die Ritter an, der rote Drache sprang hinter den Tomatenhaufen und der Ritter steckte sein Schwert in den Tomatenhaufen. Natürlich dachte der Ritter, es wäre Blut vom kleinen, roten Drachen. Also ritt er zur Burg zurück und zeigte es das „blutige“ Schwert dem König. Der König war einverstanden und gab dem Ritter Rico die Prinzessin Vanessa zur Frau.

Und was ist mit dem kleinen, roten Drachen und dem grünen Drachen geschehen, werdet ihr jetzt wohl fragen! Wenn kein Ritter Rico sie getötet hat, dann leben sie noch heute.

Schwarz

Von Laura Windsberger
14 Jahre alt, aus Stemmen in Deutschland

Ich saß am Tisch, hatte meinen Kopf auf meine Hand gestützt und überlegte, zweifelte, trauerte. Drei Kinder hatte ich, eine wundervolle Frau und einen Hund, alle fünf musste ich bald verlassen. So schrecklich ist der Krieg! Er stiehlt dem Weib den Mann, der Mutter das Kind, dem Kind den Vater... Und mir würde er bald das Leben stehlen, wahrscheinlich.

Ich spürte wie mein Hund seinen großen Kopf auf mein Knie legte, er spürte meine Trauer, das fühlte ich. Er spürte sie und er teilte sie. Ich sah in seine herrlich dunkelbraunen Augen, sie blickten sehnsüchtig drein.

Boshaftes Monster, so hatte man ihn einst geschimpft, jetzt war er hier bei mir und meiner Familie mit einem richtigen Namen: Schwarz. Dabei hatte sein Fell nicht einmal diese Farbe, die hatte nur die Spitze seines Schwanzes. Dieser große Hund hatte mir schon viel geholfen, auf der Jagd, beim Vertreiben von Einbrechern vor einem Jahr und beim Überwinden von Trauer. Er gab mir Hoffnung in jedweder Situation. Ich kraulte ihn hinter den Ohren, was er zu genießen schien.

Der beste Freund des Menschen, immer wieder bestätigte Schwarz, dass er und all die anderen Hunde diesen Titel verdient hatten. Und ganz egal, wie viele Jahrtausende diese Welt noch erleben würde, sie werden ihn immer tragen.

Ich drehte meinen Stuhl, so dass ich mit den

Beinen nun nicht mehr unter dem Tisch saß, und prompt stellte Schwarz seine Füße auf meine Knie und hechelte mich an. Ich wusste, dass es ein Lächeln war. Seine Art zu lächeln.

„Du weißt, dass ich bald schon gehen muss, oder?“ Schwarz wedelte mit seinem Schwanz, hechelte und drückte mir seine Schnauze ins Gesicht. „Hör auf“, sagte ich und musste doch irgendwie lachen. „Nun gut, es soll dir vergönnt sein, wenn ich Pech habe, sehe ich dich heute das letzte Mal, für immer.“

Ich erinnerte mich plötzlich daran, wie ich zu dem Hund gekommen war. Es war an einem Markttag gewesen, in der Stadt hatte ich die Besorgungen für die nächste Zeit gemacht. Bei den stinkenden Fischständen hatte ich dann das damalige „bösartige Monster“ zum ersten Mal gesehen. „Verpiss dich, du mieser Köter“, hatte ein Verkäufer geschrien. Seine Rufe waren im Stimmgewirr untergegangen, nur mich schienen sie erreicht zu haben. Damals war ich näher an den Stand heran getreten. „Hau ab! Oder ich gebe dir eines mit der Peitsche.“
Kurz darauf hatte es einmal geklatscht und der Hund hatte aufgejault. „Halt! Was tust du da“, hatte ich den Verkäufer angeschrien. „Dieses Mistvieh verschwindet nicht.“

Ich hatte dieses Mistvieh angesehen und bemerkt, warum er nicht gegangen war. „Er ist ganz ausgehungert! Kein Wunder, dass er nicht geht. Gib mir den Hund.“ „Du willst das bösartige Monster haben? Du kriegst es, wenn du mir einen Fisch abkaufst, läuft mies das Geschäft heute.“

Mit leuchtenden Augen hatte mich der Mann angesehen. Sie waren grau gewesen und von seinem schmutzigen Haar, das die gleiche Farbe wie der dreckige Boden hatte, verdeckt worden. Widerwillig tat ich ihm den Gefallen und gab dem Hund kurz darauf den Fisch.

Eigentlich hatte ich damals nicht beabsichtigt, ihn mit nach Hause zu nehmen, doch das bösartige Monster war mir treu gefolgt und hatte von meiner jüngsten Tochter kurz darauf den Namen „Schwarz“ erhalten.

Anfangs hatte meine Frau viel über den Hund geschimpft, später war sie dankbar gewesen, dass ich ihn mitgenommen hatte.

„Tja, Schwarz. Ich hoffe sehr, du wirst auf meine Familie acht geben“, sagte ich nun zu ihm. Zustimmend bellte er und drückte mir seine Schnauze gegen die Brust. Kurz darauf klopfte es kräftig an die Tür. „Sie kommen“, flüsterte ich, stand auf und öffnete die Tür.

„Du wirst zum Heeresdienst gerufen, komm mit uns“, diese groben Worte schleuderte mir ein Hüne in Lederrüstung entgegen. Ich griff meinen Kapuzenmantel und blickte mich um.

„Mach`s gut, Schwarz.“ Der große Hunde wedelte mit dem Schwanz, dann bellte er zum Abschied und ich bildete mir ein, dass er damit ‚Bis bald’ sagen wollte. „Bis bald“, flüsterte ich und ging aus der Tür.

Der Hahn

Von Anne Bittner und Nicolas Scholz
13 Jahre alt, aus Bielefeld in Deutschland

Es war einmal ein Hahn,
der suchte eine Frau,
da nahm er sich `nen Pfau,
der Pfau war ihm zu bunt,
da nahm er sich `nen Hund,
der Hund, der hat `ne Wanze,
da nahm er sich Konstanze,
Konstanzes Augen waren blau,
da nahm er sich `ne dicke Sau,
die dicke Sau, die fraß zu viel,
da nahm er sich `n Krokodil,

das Krokodil war gar nicht zahm,
da nahm er sich `nen weißen Schwan,
der Schwan war ihm zu fein,
da nahm er sich `n Schwein,
das Schwein war ihm zu brav,
da nahm er sich `en Schaf,
das Schaf war voller Tücke,
da nahm er sich `ne Mücke,
die Mücke war zu fluchs,
da nahm er sich `nen Luchs,
der Luchs, der war ganz blind,

da nahm er sich `nen Rind,
beim Rind, da ward´ ihm schlecht,

da nahm er sich `nen Specht,
der Specht, der musste immer klopfen,
da nahm er sich `nen Wiedehopfen,
der Wiedehopf spielt lieber Golf,
da nahm er sich `nen großen Wolf,
der Wolf, der lebte in `nem Rudel,
da nahm er sich `nen Pudel,
der Pudel zog nach Mexiko,
da nahm er sich `nen Floh,
der Floh fiel von der Stiege,
da nahm er sich `ne Fliege,
die Fliege hat ein großes Auge,
da nahm er sich `ne schöne Taube,
die Taube fraß die Küchenschaben,
da nahm er sich `nen Raben,
der Rabe trug nur rote Schuh,
da nahm er sich `nen Känguru,
das Känguru war ihm zu weise,
da nahm er sich `ne Meise,
die Meise flog nach Wesel,
da nahm er sich `nen Esel,
der Esel wollt´ nichts tun,
da nahm er sich `nen Huhn.

Rüdiger

Von Alain Lübben
9 Jahre alt, aus Bremen in Deutschland

In einem Land, das sich Deutschland nennt, gibt es einen kleinen Wald, in dem ein Bär lebt. Dieser Bär heißt Rüdiger. Aber nicht nur Bären bewohnen den Wald. Nein, auch Reh Knubbel und Wolf Senior sind noch da. Doch auch den Fuchs Rossi und den Hasen Grausel wollen wir nicht ausschließen.

Unsere Geschichte begann wieder einmal damit, dass Rüdiger nicht aufstehen wollte, doch Grausel machte seinen Widerstand gleich zunichte. Er machte tiefe brummende Laute und schrie: „Rüdiger steeehhh auf!“ Rüdiger wurde sofort von dem Krach wach und guckte auf den Wecker. Rüdiger rief entsetzt: „Was schon 5 vor 12, da habe ich ja mal wieder den ganzen Morgen verschlafen.“ Sofort rannte er, soweit sein massiger Körper das zuließ, aus der Höhle.

Draußen wurde er von dem kichernden Knubbel mit den Worten: „Na, aufgewacht?“, begrüßt. Knubbel trippelte schnüffelnd zu Rüdiger und wurde ganz blass: „Puh, Rüdiger, du stinkst, warst du gestern noch fischen?“ „Ja, ein Bär muss doch etwas im Magen haben.“ „Ja, Hasen auch, aber Mohrrüben stinken nicht so“, sagte Grausel. „Los geh zum Fluss und wasch dich!“

Murrend trottete Rüdiger los und kam auf seinem Weg an einem Bienenstock vorbei. Da für Bären Honig einfach unwiderstehlich ist, steckte Rüdiger seine Pranke direkt in die Öffnung. Ein heftiger

Schmerz fuhr durch seine Tatze und Rüdiger wollte die Tatze zurückziehen, doch es ging nicht. Rüdiger saß in der Falle.

Hinter einem Baum tauchte jetzt Wolf Senior auf, da wusste Rüdiger, wer die Falle in den Bienenstock gestellt hatte. Rüdiger rief wütend: „Warum musst du immer Fallen bauen, kannst du nicht wie jeder gute Jäger jagen?“

„Mit meinen 17 Jahren kann ein Wolf nicht mehr gut rennen, also muss ich mir etwas ausdenken, um ein so gutes Fressen wie dich zu bekommen.“ Als Wolf Senior gerade an Rüdiger knabbern wollte, tauchte sein Freund Knubbel auf und scharrte mit den Hufen.

„Verschwinde und lass meinen Freund in Ruhe“, rief Knubbel. Angsterfüllt suchte Wolf Senior das Weite, da er erst letzte Woche von den harten Hufen des Rehs getroffen worden war. Rüdiger bedankte sich überschwänglich bei seinem Freund und befreite seine Tatze aus dem Bienenstock. Knubbel wollte aber keinen Dank, schließlich helfen sich Freunde, sondern er schickte Rüdiger zum Fluss, damit der sich dort waschen konnte, um den Gestank los zu werden.

30 Minuten später trottete Rüdiger immer noch ungewaschen durch den Wald, als der Fuchs Rossi plötzlich vor ihm stand. Rossi fragte: „Willst du wirklich im kalten Fluss baden? Ich kenne da eine schöne warme Quelle ganz in der Nähe, in der könntest du viel angenehmer baden.“ Das klang so toll, dass Rüdiger arglos dem Fuchs folgte. An der Quelle angekommen, sagte der Fuchs: „Leg deine Sachen ruhig hier ins Gras, ich pass schon auf.“

Rüdiger stieg in das angenehm warme Wasser und döste so vor sich hin. Eine knappe Stunde später stieg Rüdiger aus dem Wasser und sah mit Entsetzen, dass der Fuchs mit seinen Sachen verschwunden war. Rüdiger schrie: „Du Dieb, du hast mich ausgeraubt. Ich will meine Uhr, mein Geld und meinen Hut zurück." Grummelnd und zornig ging Rüdiger zurück zur Höhle.

Plötzlich sah Rüdiger einen Fuchs auf dem Weg. Er schrie dem Fuchs hinterher: „Bleib sofort stehen." Der Fuchs dachte nicht daran und so folgte Rüdiger ihm über Stock und Stein, stolperte über Wurzeln und tatsächlich unten am Bach erwischte er den Fuchs.

Der Fuchs hatte Angst und flehte Rüdiger an, ihm nichts zu tun. Da erkannte Rüdiger, dass der Fuchs nicht Rossi war, sondern ein fremder Fuchs. Rüdiger erklärte dem fremden Fuchs alles, und der erzählte von einem Fuchs mit Hut und Weste, den er vor nur zwei Minuten gesehen hatte.

Rüdiger wollte jetzt natürlich genau wissen, wo das gewesen war, und der fremde Fuchs sagte nur: „Laufe einfach nur deiner Nase nach." Bevor Rüdiger das richtig verstanden hatte, war der Fuchs auch schon verschwunden.

Also reckte Rüdiger seine Knubbelnase in die Luft und marschierte wieder los. Nach kurzer Zeit glaubte Rüdiger tatsächlich etwas zu riechen. Ob das nur daran lag, dass er einen Bärenhunger hatte? Doch da, nicht weit entfernt vor einem Fuchsbau entfernt, lag ein schönes Stück Fleisch. Rüdiger lief schneller und griff nach dem Fleisch.

Plötzlich schloss sich ein Seil um Rüdigers Bein und wollte ihn in die Luft reißen, doch sein Bärengewicht hielt ihn zurück. Schon wieder eine Falle, dachte Rüdiger, als Rossi aus seinem Bau kam, um nach seiner Falle zu gucken.

„Ha, du hinterhältiger Fiesling", schrie Rüdiger und befreite sich mit seinen scharfen Krallen. Rossi wollte weglaufen, doch plumps, fiel er in ein Loch vor der Falle. Rossi weinte und winselte und Rüdiger hatte Mitleid.

Rüdiger machte mit Rossi einen Deal. Rossi musste alle geklauten Sachen zurückgeben und durfte keine Fallen mehr bauen, dann würde Rüdiger ihn aus dem Loch helfen.

Gesagt, getan. Rüdiger ging endlich zu seiner Höhle, wo seine Freunde schon auf ihn warteten. Erschöpft setzte er sich dazu und fing an, über seinen Tag nachzudenken.

Als sie so eine lange Zeit still dagesessen hatten, sagte Rüdiger plötzlich: „Hätte ich mich doch nur nicht gewaschen, dann wäre der Tag ruhig und schön gewesen. Ich denke für Bären ist Waschen nicht gut."

Und so wusch sich Rüdiger die nächsten Wochen gar nicht mehr und verbrachte schöne Tage mit seinen Freunden im Wald.

Ode an...

Von Marie Chevillié
15 Jahre alt, aus Biberach/Riss in Deutschland

Da draußen sitzt du und starrst mich aus deinen bernsteinfarbenen runden Augen an. Deine vielen, dünnen, kurzen orange-roten Haare wehen im Wind. Stolz sitzt du da. Etwas klein bist du, wirst es immer bleiben, hat der Arzt gesagt.

Wie klug du guckst. Noch hast du mich nicht entdeckt. Während du in die Sonne blinzelst, die sich in deinem roten Haar verfängt, trete ich vor die Tür. Du siehst mich an und deine Miene hellt sich auf, sie wird sanft. Deine Mundwinkel ziehen sich nach oben, als ob du lachen würdest.

Schnell stehst du auf und läufst majestätisch, wie es sich für dich gebührt, rasch auf mich zu und ich dir entgegen. Ich setzte mich auf die Stufen und nehme dich in den Arm.

Mit einem Miau fängst du an zu schnurren.
Ja, du bist doch meine Lieblings ... Katze!

Vereint in London

Von Jette Frantz
10 Jahre alt, aus Weyhe in Deutschland

Diese Geschichte erzählte mir ein Freund, der nicht namentlich genannt werden möchte. Also: In der Stadt London lebte ein Hund, eine Promenadenmischung. Der Hund war ein Streuner, mancher würde sagen: obdachlos! In dieser Geschichte will ich ihn Fiffi nennen. Eines Tages, der Hund streunte gerade herum, gellte ein Ruf durch die Straße: „Kessy! Kessy, Süße, komm her, bei Fuß!"

Kessy? Wer verdammt war das? Fiffi reckte den Hals - und sah eine wunderschöne Hundedame! Eine Promenadenmischung, so wie er. Fiffi trabte den Weg entlang und suchte nach einer Glasscherbe. Als er eine fand, verdrehte er seinen Kopf so, dass er sich in der Scherbe sehen konnte. Er leckte seine Pfote und versuchte, indem er sich damit über den Kopf strich, das räudige Aussehen etwas zu übertünchen.

Er stolzierte zu Kessy, der schönen Hundedame. Die beachtete ihn gar nicht, sondern ließ nur gelangweilt ein paar gelbe Tropfen ins Gebüsch fallen. Kaum war Kessy von dannen stolziert, hielt Fiffi seine Nase auch schon in die Stelle, auf die die süße Kessy gepinkelt hatte.

Welch süße Düfte drangen an Fiffis Nase! Er wackelte eilig hinter Kessy samt Frauchen her, um herauszufinden, wo „seine" wandelnde Blume denn zu Hause war. Als er schließlich vor dem Bäumchenweg 11 stand, erinnerte Fiffi sich daran, dass er ebenfalls ein Bäumchen zum Pinkeln benötigte.

Also wieselte er wieder zu der Stelle, an der Kessy ihre Duftmarke hinterlassen hatte. Auf ebendieses Grasbüschel pinkelte auch er.

Danach schnüffelte er noch mal. Zwei süße Düfte vereinen sich, dachte er. Am nächsten Tag traf er Kessy wieder. In einem unbeobachteten Moment traute er sich sogar, Kessy zu sagen, dass er sie liebte. Und siehe da, sie mochte ihn auch! Von da an trafen sie sich jeden Tag und lebten glücklich und zufrieden bis an ihr Lebensende. Und wer weiß, ob es da vielleicht noch Welpen gibt...?

Die Maus und die Laus

Von Ko Kanatori
10 Jahre alt, aus Tokyo in Japan

Die Maus und die Laus, die wohnen in einem
Haus.
Da sagt die Maus: „ Lass mich hinaus!“
„Nein“, erwidert die Laus. „Du bleibst im Haus!
Draußen der Sturm dich erfasst,
so dass du keine Freunde mehr hast.“
Da denkt die Maus,
ich mach mir nichts daraus.
Sie verlässt das Haus
samt der lieben Laus.
Gleich ergreift sie der Wind
und bringt sie zum Himmel geschwind.

Die Schleichprüfung

VON LEA HOHMANN
12 Jahre alt, aus Waldbronn in Deutschland

Die Geschichte, die ich jetzt erzähle, handelt von einer Maus namens Klette. Eigentlich war fressen, schlafen, herumhuschen und vor dem Kater weglaufen das Einzige, was sie tat. Aber einmal passierte etwas ganz anderes. Etwas Gefährliches.

Klette lebte mit einer ganzen Schar Mäuse auf einem Dachboden. Klettes Familie wohnte in einem alten Schuh. Es gab noch eine ganze Reihe verschiedener Mäusewohnungen, wie zum Beispiel einen alten Strohhut oder eine ausrangierte Kaffeekanne.

Klette war noch eine sehr junge Maus, und musste wie alle anderen jungen Mäuse zur Schule gehen. Doch stelle sich bitte niemand vor, die Mäuse würden rechnen und schreiben lernen (was allerdings auch sehr verwunderlich wäre), nein, nein. Sie lernen schleichen, huschen, schnell essen, verschiedene Gerüche zu unterscheiden und vor allem eines: Sich vor dem Kater in Acht zu nehmen!

Denn Jacques, so hieß der Kater, war zwar sehr gemütlich und faulenzte am liebsten, doch wenn er eine Maus sah, dann war er nicht mehr zu halten. Dann schlug er zu wie der Feind. Und er hatte schon einige Mäuse elendig in seinem Maul zu Grunde gehen lassen.

Klette fand ihr Dasein als Maus herrlich, nur einer ärgerte sie immer wieder: Giovanni. Er war ungefähr so alt wie sie und ein fürchterlicher Angeber. Klettes Eltern hatten ihn von der Straße geholt, nachdem seine Eltern gestorben waren. Dauernd gab er damit an, was für ein toller Hecht sein Vater zu Lebzeiten gewesen war.

Aber war der überhaupt so toll? Der war doch so dumm gewesen, sich von einer Katze fressen zu lassen! Klettes Eltern dagegen lebten noch. Aber die ganze Angeberei hätte ihr nichts ausgemacht, wenn Giovanni nicht so viele andere Mäuse geglaubt hätten. Er hatte eine ganze Schar Bewunderer hinter sich. Und Klette fand es sehr schwachsinnig, ihm zu glauben.

Klette lag noch in tiefem Schlaf, als ihre Mutter sie rief. „Klette, Klette! Aufstehen!“ Sie wurde am Ohr gezupft. „Ich bin schon seit einer halben Stunde wach“, hörte sie Giovannis Stimme. Sie sprang wütend auf. „Hör auf immer so anzugeben! Du hast gestern auch nicht bis in den Tag hinein gearbeitet!“ „Hört auf! Ihr müsst in die Schule! Die Nacht hat längst begonnen! Die Dämmerung ist schon vorbei!“ Klette erschrak. Schnell schluckte sie ihr Frühstück, ein Stück Käse, herunter. Dann machte sie sich mit Giovanni auf den Weg zur Schule. Sie waren jetzt in dem Alter, in dem man seine Prüfung zur volljährigen Maus machte.

Die Prüfung dauerte etwa ein Mäusejahr, in jedem Fach wurde man eine Mäusewoche (etwa drei Nächte) lang geprüft. Diese Woche stand das Schleichen auf dem Plan. Geprüft wurde während der ganzen Schulzeit, sogar auf dem Schulweg. Man musste versuchen, unbemerkt in die Schule zu gelangen, wenn man es schaffte, bekam man ein Plus.

Klette ließ Giovanni vorauslaufen und schlug dann einen anderen Weg ein. Sie wusste, dass es besser war, allein zu schleichen, denn wenn man zu zweit schlich, und einer wurde bemerkt, dann war auch der zweite verraten. Sie schlich weiter und erblickte die ersten „Wächter“, zwei Prüfer, die in einigem Abstand zur Schule standen und jeden, der sich erwischen ließ, in der Schule meldete. Dieser bekam ein Minus und einen „Du-musst-noch-üben-Blick“ von der Lehrerin. Das galt es zu vermeiden. Schnell huschte Klette an den Wächtern vorbei. Auch Giovanni hatte es geschafft.

Doch das war noch lange kein Grund zum Feiern, denn heute stand die schwerste Prüfung bevor. Sie mussten sich an dem Kater vorbei schleichen, in die Küche gelangen und eine Nuss stehlen. Dann mussten sie ungefressen und quicklebendig mit der Nuss wieder auf dem Dachboden erscheinen. Erst dann hatten sie die Schleichprüfung abgelegt und waren fast volljährig.

Die jungen Mäuseprüflinge machten sich auf zur Dachbodentreppe. Ihnen wurde eingeschärft, die Prüfung zu vergessen, wenn Katzenalarm war. Das eigene Leben war wichtiger als die Prüfung. Dann schwärmten sie aus. Es galt zuerst das Wohnzimmer zu durchqueren. Das war nicht so einfach, denn hier lag Jacques und genoss das Leben. Wenn eine Maus in seinem Blickfeld erschien, drohte ihr der Tod.

Klette schaffte es, an ihm vorbei zu schleichen, und kam in die Küche. Sie schlich zu dem kleinen Topf mit Nüssen auf dem Schrank. Als alle in der Küche angelangt waren, öffneten sie den Topf. Sie wollten gerade mit den Nüssen verschwinden, da tat Jacques einen lauten Schnarcher.

Erschrocken kauerten sich die Mäuse auf dem Boden zusammen. Vorsichtig lugten sie aus der Küchentür. Als sie sahen, dass Jacques tief und fest schlief, flüchteten sie. Klette raste unter dem Sofa durch und sah erleichtert die Dachbodentreppe vor sich. Sie hastete nach oben. Sie hatte die Prüfung bestanden.

Nun lugte sie lugte über den Rand der Treppe, um zu sehen, wie sich die anderen machten. Einige waren schon wieder zurück, doch manche waren noch unten. Giovanni hatte die Treppe schon fast erreicht, doch was Klette sah, gefiel ihr nicht. Hinter Giovanni rannte Larry genau auf dem gleichen Weg. Er berührte fast schon Giovannis Schwanz. Larry hörte nie zu, wenn die Lehrerin was sagte.

Er hatte nicht einmal mitgekriegt, dass man nur allein schleichen sollte. Außerdem hielt er sich für ein Talent in mutigen Aktionen, er sagte halblaut: „Hey, Kater! Versuch uns doch zu fangen!“ Zum Glück merkte Jacques nichts. Aber Giovanni drehte sich um und versetzte Larry einen Hieb mit der Pfote. „Sei still!“ Das war eindeutig ein Fehler. Larry war größer als die anderen, und dafür bekannt, dass er gerne Prügeleien anfing. Das endete meistens mit einem Sieg für ihn.

Und so war es auch diesmal. „Du willst dich also mit mir anlegen?“ Giovanni ging einfach weiter. Larry überholte ihn und baute sich vor ihm auf.

Plötzlich wachte der Kater auf. Fauchend erhob er sich. Die beiden Mäuse rannten los. Giovanni langte als erster bei der Dachbodentreppe an, doch Larry schubste ihn einfach beiseite.

Giovanni rappelte sich wieder auf und wollte zur Treppe, doch Jacques versperrte ihm den Weg. Verzweifelt wich er nun zur Seite aus.

Da kam Klette. An einem Bindfaden ließ sie sich herunterfallen. Sie fiel direkt auf den Kater und krallte sich in seinem Fell fest. Der Kater drehte sich um und versuchte mit der Pfote den Fremdkörper aus seinem Fell zu entfernen.

Das nützte Giovanni aus und raste die Treppe hinauf. Klette hing im Fell des Katers und wich seinen Tatzenhieben aus. Der Kater schüttelte sich und sprang hin und her. Einmal sprang er in Richtung Treppe. Klette ließ los. Sie wurde ein Stück geschleudert und entkam. Oben wurde sie von der ganzen Schar empfangen.

Eben noch hatten sie alle den Atem angehalten, jetzt brach großer Jubel los. „Du hast Giovanni gerettet“, hörte Klette die Stimme ihrer Mutter. Dann feierten sie eine Fete.

Nur einer saß abseits. Larry. Er hatte für den Rest seines Lebens genug von mutigen Aktionen. Und auch Giovanni gab nie mehr vor Klette an. Nur manchmal - ein ganz kleines bisschen.

Frei wie ein Adler

Von Sabrina Rebecca Bienger
13 Jahre alt, aus Hamburg in Deutschland

Die ersten Sonnenstrahlen fielen zwischen die blühenden Blätter des alten Mammutbaums. Die Vögel zwitscherten schon, doch ein Weißkopfseeadler-Weibchen hatte an diesem Morgen mehr zu tun, als über einem der zahlreichen Seen Nordamerikas zu kreisen und nach Fischen Ausschau zu halten, denn es brütete.

Die Nester ihrer Spezies gehörten zu den größten überhaupt, doch sie füllte es nur mit zwei Eiern. Diese Eier waren ihr ganzer Stolz, sie liebte ihre ungeborenen Küken jetzt schon.

An diesem warmen Frühlingsmorgen sollte es nun endlich soweit sein, die Adler würden schlüpfen, dessen war sich Ruby, die baldige Mutter, ganz sicher.

Und tatsächlich, ihre weibliche Intuition hatte sie nicht getäuscht. Schon einige Stunden nach Sonnenaufgang begann die Schale der Eier langsam zu zerbröckeln. Nervös hatte sich Ruby an den Rand des großen Nestes gesetzt und fuhr ihre Krallen ein und aus.

Nach einem minutenlangen Prozess ragte endlich der erste Schnabel aus der zerbrochenen Schale heraus. Kurz darauf durchbrach auch das andere Küken das Ei und streckte seinen Kopf gen Freiheit. Als die beiden Kleinen sich endlich ganz befreit hatten, bemerkte Ruby, dass das eine Küken weder den dunkelgrauen Schnabel, noch die braune Iris besaß, die für Jungvögel dieser Art üblich waren, sondern einen hellgelben Schnabel und eine grüne Iris. Glücklicherweise entsprach das andere Küken ihren Vorstellungen.

Nach 33 Tagen war es endlich soweit: Die Küken waren flügge geworden. Ruby war etwas aufgeregt, sie wusste nicht, wie das außergewöhnliche Jungtier fliegen oder ob es überhaupt fliegen würde. Sie hatte ihren Nachwuchs auf die Namen Jane und Luke getauft, da es verschiedengeschlechtliche Zwillinge waren.

Ruby hatte ihnen die Theorie der Flugkunst schon beigebracht, doch machte sie sich - wie jede Mutter - Sorgen, ob ihre Kinder es auch in der Praxis schaffen würden, insbesondere ihr Sorgenkind Jane.

Nun war der große Moment gekommen. Die beiden Jungtiere standen am Rand des Nestes und waren flugbereit. Ihre Mutter stand hinter ihnen. Zuerst versuchte Luke sein Glück. Er breitete seine flauschigen Flügel aus und sprang in den Abgrund. So selbstverständlich wie Atmen spreizte er seine Flügel und schlug mit ihnen rauf und runter. Nachdem er eine großzügige Runde über den See gedreht hatte, kehrte er zum Nest zurück und ließ sich nieder.

Jane war dran. Als sie ihre Flügel ausbreitete und zum Sprung ansetzte, wurde Ruby ganz bang ums Herz. Sie betete innerlich, doch versuchte sie, sich nichts anmerken zu lassen. Jane hüpfte - und stürzte. Sie schaffte es zwar, ihre Flügel zu schwingen, doch sie war nicht stark genug. Langsam sackte sie immer weiter in Richtung Wasser.

Luke hüpfte aufgeregt im Nest herum und fiepte seine Mutter an. Sie aber wusste, dass es nichts bringen würde, das Küken zu retten, da es als Adler (oder was das Küken auch immer war) nicht den geringsten Hauch einer Chance hatte zu überleben.

Ruby nahm ihren Sohn in den Schnabel und drehte ihn zu sich um, sodass er nicht den Tod seiner Schwester miterleben musste. Auch sie schloss die Augen - und falls es jemand nicht für möglich gehalten hatte, dass Vögel weinen können, irrte sich dieser. Denn nun weinte Ruby um ihr Kind.

Ein lautes Platschen wurde hörbar. Ruby zuckte spürbar zusammen. Sie bedeutete ihrem Sohn zu bleiben, wo er war, sie selber machte sich auf den Weg zur Kante des Nestes und blickte nach unten.

Doch was sah sie da?! Statt eines ertrunkenen Adlerkükens schwamm auf der Oberfläche ein Schwanenküken! Nun konnte sich Ruby die andersfarbene Färbung erklären: Jane war ein Schwan, kein Adler, ein Schwan, der wunderschön schwimmen konnte.

Reise mit dem Baum

Von Maike Pfrang
11 Jahre alt, aus Hongkong in China

Es war ein wundervoller Frühlingstag. Auf der Wiese auf einem Baum, dessen Blüten so schön rosa in der Sonne leuchteten, saß ein Vogel. Er fragte den Baum: „Wie ist dein Name?“ Mit rauer Stimme antwortete der Kirschbaum: „Mein Name? Mein Name ist Herr Schrik und ich stehe hier schon seit vielen Jahren.“

„Herr Schrik“, wiederholte der junge Vogel. „Na dann hören Sie mal, Herr Schrik, ich suche einen Freund, der mich begleiten kann, auf meiner weiten Reise, doch ich ... habe noch niemanden gefunden. So möchte ich Sie fragen, Herr Schrik, ob Sie mich begleiten wollen auf meiner Reise?“

„Begleiten? Ich? Aber ich bin doch schon alt, bald wird es mit mir vorbei sein“, antwortete der Baum leise, als hätte er in den Tiefen seines Herzens nach dieser Antwort gesucht und sie gefunden. „Ich kenne Sie noch nicht mal!“

„Na dann sollen Sie mich kennen lernen“, sagte der kleine Vogel, nahm den Baum an seine Seite und flog mit ihm davon. „Wie ist Ihr Name“, fragte nun der Baum. „Mein Name“, wiederholte der kleine Vogel, als er stark mit den Flügeln flatterte. „Der ist nicht wichtig, ich bin der kleine Vogel, den sie kennen lernen sollen.“

Viele Stunden flogen sie schweigend über Dächer und Täler und als es langsam dunkel wurde, setzte der Vogel zum Landen an. Es war Sommer, sie waren nun in einem dichten Wald zwischen großen und erhabenen Bäumen, die alle schon in tiefen Schlaf gefallen waren. Der kleine Vogel landete neben einem plätschernden Bächlein, von dem er wusste, dass es zu einem Fluss wurde, der dann nach langen Wegen ins große Meer floss.

„An diesem Bächlein sollten wir uns ein Beispiel nehmen, denn jeder fängt klein an und kommt dann aber irgendwann an sein Ziel“, zwitscherte das Vögelchen. „Das ist Recht, so wahr ich Herr Schrik heiße, jeder fängt klein an. Selbst ich habe klein angefangen. Nehmen wir die Perle als Beispiel: Sie war mal ein Sandkorn, so wird aus etwas Kleinem etwas Wunderschönes.“ Und mit diesen Worten vielen sie beide in tiefen Schlaf.

Bald schon erwachte der Vogel und sah den wachen Baum neben sich, wie er dem Vogel ein kleines Lächeln schenkte. So nahm er den Baum an seine Seite und sie flogen davon, lange Zeit und bald war es Herbst und sie kamen an einen kleinen verwüsteten Ort, wo keine Menschenseele mehr ihr Leben führte. Der Baum hatte fast keine Blätter mehr und er musste dem herangewachsenen Vogel oft erklären, dass es der Lauf der Natur war, dass er seine Blätter verlor: „Wie meine Blätter fallen, so ist es einmal mit mir vorbei. Nicht lange hin, da wird es mir wie dieser Stadt ergehen und niemand wird mehr da sein. Woanders werde ich sein, nicht aus diesem Holz werde ich dann gewachsen sein, sondern aus einem anderen werde ich bestehen, vielleicht bin ich dann ein Apfelbaum oder auch nicht. Was mich oder dich erwarten wird, das weiß ich nicht.“ Und langsam hoben sie wieder ab, wobei der Vogel leise weinte. Bald schon kamen sie an derselben Wiese an, von der sie los geflogen waren. Der Vogel setzte den Baum sachte ab. Es war bereits Winter und der Baum war kahl und mit Schnee bedeckt. Doch nun hauchte er leise: „Wie ist dein Name?“ Und der Vogel antwortete in Tränen: „Mein Name ist Aron, der Erleuchtete.“ Da wusste Aron, dass sein Freund fort war.

Kleines Bärenkind

VON ALMUT HALLER
6 Jahre alt, aus Berlin in Deutschland

Es war einmal ein kleines Bärenkind. Eines Tages sagte es: „Du Mama, ich will einen Flug nach Indien machen, kommst du mit?“ „Nein, ich habe noch vieles zu tun“, antwortete die Mutter. „Dann mache ich den Flug alleine und du kommst nicht mit, tschühüss, ich gehe jetzt, bis bald.“ Das kleine Bärenkind ging zum Flughafen. Die Mutter zu Hause schrubbte und putzte und dachte nicht mehr an das Bärenkind. Sie war so beschäftigt. Das Bärenkind stieg in das Flugzeug. Die Menschen sagten: „Bärenkinder dürfen nicht Flüge machen!“ Das Bärenkind war beleidigt. Aber es wusste, dass es noch sechs Stunden hier im Flugzeug bleiben musste. „Ach, ich weiß, manchmal hat man auch ein gutes Leben.“ Endlich war der Flug zu Ende. Das Bärenkind stieg aus und sah sich um: „Was es hier für schöne Sachen gibt. Ob es hier auch Bären gibt? Ich weiß es nicht. Aber vielleicht ist es so, na ja. Irgendwie will ich wieder nach Hause.“ Da flog das Bärenkind nach Hause. Die Mutter und das Bärenkind lebten glücklich zusammen. Und das Bärenkind sprach: „Ich fliege nie wieder nach Indien.“

Der ständige Namenswechsel

Von Miriam Förster
8 Jahre alt, aus Ottobrunn in Deutschland

Als ich als Fohlen auf die Welt kam, wurde ich gleich getauft. Der Pfarrer kippte mir Wasser auf den Kopf und sagte: „Ich taufe dich auf den Namen Itekka."

Als ich zwölf war, sollte ich verkauft werden. Ich kam zu einer Familie. Familie Javuhojo. Ein Kind davon, Klaas Javuhojo, war frech zu mir. Am ersten Tag überlegten sich die Kinder Namen. Klaas wollte mich Ulrike nennen, da sagte Ilka: „Nenn die Stute doch Sonja!"

Eigentlich wollte ich weiterhin Itekka heißen, aber ich wurde Sonja genannt. Klaas machte viel Quatsch mit mir: Er schüttete Cola über mich, steckte mir seinen Schnuller ins Maul, bewarf mich mit Zeitungspapier und lief mir hinterher, als Ilka auf mir an der Longe lief.

Als ich 19 war, wollten sie aus mir ein Reitpferd machen. Aber ich wollte Turnierpferd werden. Als Reitpferd muss man das erleben: Erst MUSS man verkauft werden, dann MUSS man die Hälfte des Tages dumm in einer engen, dunklen Box rum stehen und die andere Hälfte des Tages MUSS man in einer blöden Koppel rumrennen!! Deshalb lief ich weg.

Ich kam zu einem kleinen Mädchen namens Sophie, die mich „Mumi" nannte. Mumi? Ich bin doch keine Mumie. Aber ich sehe so aus wie eine

Mumie. Irgendwann gefiel ihr „Mumi“ auch nicht mehr und Sophie nannte mich Sternenschweif. Schon immer wollte sie mich als Zirkuspferd erziehen...

Aber ich wollte Turnierpferd werden!!! Sie sperrte mich in einen Stall. Ich konnte nicht mehr raus. Bis sie mich raus ließ. Da lief ich auf und davon. Da war ich 24.

Ich lief zu meiner Mutter, erzählte ihr alles und im Nu war ich wieder Itekka.

Mit 27 wurde ich Turnierpferd. Im Lautsprecher des Pferdeturniers hieß es „Jetzt kommt Turnierpferd Itekka.“

Jetzt bin ich 67 ... und erinnere mich noch an das, was Mama einst über mich gesagt hat: „Itekka, das stolze Turnierpferd!“

Notfall

Von Neele Schröder
12 Jahre alt, aus Hamburg in Deutschland

Als Nona die kleine Praxis betrat, stieg ihr der Geruch von Medizin in die Nase, der sich mit dem Geruch der Tiere vermischte. Zwei Frauen in weißen Kitteln rannten hin und her und führten Menschen mit ihren vierbeinigen Genossen in verschiedene Räume. An der Wand saß, in einer Reihe von Stühlen, ein alter Mann, ein Hund lag schlapp vor seinen Füßen.

Plötzlich kam eine Frau auf das Mädchen zu. „Guten Tag, Nona! Ich bin Sita Fabek und dies ist meine Tierarztpraxis. Du kannst…“, die Frau brach ab, denn eine der beiden anderen Frauen rief nach ihr. Mit einem entschuldigenden Lächeln meinte Frau Fabek: „Warte hier einen Moment, ja?“, und lief hastig in eines der Zimmer.

Nona schaute sich um. Der alte Mann hatte nun den Kopf in eine Hand gestützt und mit der anderen kraulte er dem großen Hund das lockige Fell. Nachdenklich steuerte Nona auf die beiden zu. „Entschuldigung, ist das Ihr Hund?“, fragte sie schließlich.

Der Mann hob seinen Kopf, sodass sein trauriges Gesicht zum Vorschein kam. Nun konnte das Mädchen jedoch ein kleines Lächeln erkennen. „Ja, das ist meine Bea.“ „Kann ich sie streicheln?“ Der Mann nickte.

Nona hockte sich hin und begann dem Hund vorsichtig mit der Hand über das Fell zu fahren. Bea hob den Kopf, senkte ihn aber gleich wieder, als sie die Streicheleinheit bemerkte. Der Mann begann zu erzählen: „Bea ist mein ein und alles. Ich habe sie mir vor acht Jahren gekauft, nachdem meine Frau gestorben ist. Sie hieß auch Bea. Nur jetzt ist auch sie krank und wird es wahrscheinlich nicht mehr lange machen.“

Nona empfand Mitleid mit diesem traurigen, alten Mann, der nun wieder den Kopf in den Händen vergrub. Sie fühlte, dass die Hündin schnell atmete. Sie hatte sich ein bisschen entspannt, seit Nona angefangen hatte sie zu streicheln, aber man spürte, dass Bea Schmerzen hatte.

Nona schreckte hoch, als sie ihren Namen hörte, Bea mit ihr. Frau Fabek stand wieder vor ihr und lächelte sie an. „Ach, du hast dich also mit dem netten Herrn Faik angefreundet?“ „Ja, wir haben uns ein bisschen unterhalten.“ „So“, die Frau räusperte sich und bat Nona mitzukommen.

Sie führte das Mädchen in einen der Behandlungsräume, wo gerade ein junger Mann sein Meerschweinchen untersuchen ließ. Er nickte den beiden freundlich zu, wendete sich dann aber wieder dem quiekenden Tier zu, das gerade eine Spritze bekam. Frau Fabek setzte sich nun hin und überlegte: „Tja, du bist unser erster Praktikant hier und… Ja, wenn du willst, kannst du gleich die Untersuchung an Bea angucken.“

Nona stimmte zu, und Bea wurde mit Herrn Faik hineingeführt. Der kranke Hund wehrte sich nicht, als er auf den Tisch gehoben wurde, seine dunklen Augen blickten in die Leere. Nach ein paar Blicken stand fest: Bea musste operiert werden.

Der traurige Mann wurde herausgeführt und Frau Fabek bat Nona, sich ein bisschen um ihn zu kümmern. Also ging Nona mit heraus und setzte sich neben den Mann auf einen Stuhl. „Was soll ich denn ohne sie machen?“ Herr Faik sah verzweifelt aus. Er nahm Nonas Hand und meinte dann: „Du bist wirklich ein liebes Mädchen. Ich habe auch Enkel….“ Und so begann er zu erzählen. Von seinen Enkelkindern, seinen Kindern und natürlich auch viel von Bea.

So ging das eine knappe Stunde, dann kam Frau Fabek aus dem Zimmer. Gespannt blickten die beiden sie an. Aber das einzige, was die Ärztin machte, war, dass sie die beiden hereinbat. Als Nona den Raum betrat, stieg die Angst in ihr auf. Sie kannte Bea zwar erst eine Stunde, aber trotzdem wollte sie nicht, dass dieser so nette Mann seinen Stolz verliert.

Bea lag auf dem Tisch, rührte sich nicht. Aber plötzlich entdeckte Nona, dass sich die Brust der Hündin ruhig auf und ab bewegte. „Sie lebt“, rief sie so laut, dass Herr Faik erschrocken zusammenzuckte. Frau Fabek begann zu lächeln. „Ja, die Operation ist gut verlaufen und Bea wird in ein paar Minuten aufwachen.“ Auch dem Mann fiel ein Stein vom Herzen.

Zwei Tage später saß Nona mit Herrn Faik in einem Garten, die Sonne schien herrlich und Bea tapste fröhlich um die beiden herum. Der Mann hatte Nona zum Kaffeetrinken zu sich nach Hause eingeladen. Nona schlürfte genüsslich eine kalte Schokolade, während Herr Faik von seiner Karriere als Hockeyspieler erzählte. Bea kam zu ihm, legte sich in die warme Sonne und schlief zufrieden ein.

Ein Freund in der Not

Von Lara Janssen
15 Jahre alt, aus Goch in Deutschland

Es war gegen 21 Uhr abends, die Sonne ging langsam unter und es war noch immer schwül. Dem jungen Mädchen klebte das T-Shirt am Körper und die Schweißperlen standen ihm auf der Stirn, als es einen Hügel erklomm, um zu dem abgelegen, kleinen See zu gelangen, zu dem es jeden Abend bisher gegangen war.

Die zarten Gesichtszüge, die die Schwarzhaarige sonst ausmachten, waren verbittert und in ihren grauen Augen ging jegliche Gefühlsregung verloren. Seit ungefähr einer Woche hatte sie nicht mehr gelacht. Noch nicht einmal geweint hatte sie, als die Polizisten, die auf einmal vor ihrer Haustür gestanden und ihr erzählt hatten, dass ihre Eltern bei einem Autounfall ums Leben gekommen waren.

Was danach gekommen war, daran konnte sie sich nur noch bruchstückweise erinnern. Irgendwann hatte sie dann mit einer Reisetasche in der Hand bei ihrer Großmutter auf der Matte gestanden und lebte nun bei ihr.

Seufzend setzte sich das Mädchen auf die Wiese und betrachtete die untergehende Sonne. Ob ihre Eltern jetzt im Himmel waren und auf sie herabschauten? Sie hob den Blick und ein kleines Lächeln stahl sich in ihre Mundwinkel. Früher hatte ihr Vater oft mit ihr über Engel diskutiert, ob es sie gab oder nicht.

Augenblicklich verdüsterte sich ihr Blick wieder. Ihre Oma hatte alles, was sie auch nur in geringster Weise an ihren Sohn und seine Frau erinnerte, in eine Kiste gepackt und auf dem Dachboden verstaut.

Etwas Nasses an ihrem Bein ließ sie aufschrecken und sie sah in ein paar tiefbraune Augen. „Na wo kommst du denn her?“ Argwöhnisch beäugte das Mädchen den Border-Collie vor sich, der sie anstarrte. Der Hund legte den Kopf schief, bellte einmal und kam dann einen Schritt auf sie zu, um seinen Kopf an ihren Arm zu reiben.

Verwundert verfolgte die Schwarzhaarige die Bewegungen des Vierbeiners. Es war selten vorgekommen, dass sie einem so zutraulichen Hund begegnet war.

„Bist du auch alleine?“, fragte sie den Hund, der sich inzwischen zu ihrer Rechten hingelegt hatte und sich nun von ihr den Kopf kraulen ließ. Als hätte er sie verstanden bellte er einmal leise auf. „Ich bin übrigens Lena“, flüsterte das Mädchen. „Wie du wohl heißt?!“

Sie betrachtete das Tier eingehend. Der Collie war schmutzig, wahrscheinlich streunte er schon längere Zeit durch die Gegend. Vielleicht war er ausgesetzt worden?! Er trug auch kein Halsband oder ähnliches.

Seltsamerweise fühlte sie sich in der Nähe des Tieres wohl. Sie saß gerne neben dem Vierbeiner und schaute in den Sonnenuntergang. „Weißt du“, sagte sie zu dem Hund, dieser hob den Kopf. „Die Welt ist ganz schön ungerecht. Meine Eltern sind letzte Woche gestorben und ich muss jetzt bei meiner Oma wohnen. Die ist zwar so ganz in Ordnung, aber sie versteht nicht, dass es mich verletzt, wenn sie so tut, als hätte es meine Eltern nie gegeben. Es wäre mir lieber, wenn sie mir was über meinen Vater erzählte, als ich noch nicht geboren war. Oder überhaupt, sie soll die Fotos stehen lassen.“

Lena seufzte und strich sich eine Haarsträhne aus der Stirn. Es war absurd. Sie redete mit einem Hund, der sie wahrscheinlich nicht einmal verstand, anstatt mit ihrer Freundin zu reden, die sie anschwieg. „Ob du wohl eine Familie hast? Bist du etwa ausgerissen?“ Als sie jedoch daran dachte, wie viele Hunde jährlich zur Ferienzeit ausgesetzt wurden, verwarf sie diesen Gedanken wieder.

Je mehr sie zu dem Tier sprach, umso mehr dachte sie, dass der Hund sie verstand. „Ich fühl´ mich wie Dr. Dolittle.“ Sie lachte. Das erste Mal seit dem Tod ihrer Eltern lachte sie.

Der Blick, den der Hund ihr zuwarf, sprach für sich. Es war als würde er ihr antworten. Schon fast unheimlich. „Komm“, sagte sie schließlich, als sie aufstand. Der Hund erhob sich ebenfalls. „Ich kann dich leider nicht mit zur mir nehmen. Oma hat eine Tierhaarallergie. Aber wir finden schon ein Zuhause für dich. Wir machen beide einen Neuanfang!“

Tierisch stark

Von Jasmine Grubenmann und Ruth Gutierrez
13 Jahre alt, aus San Sebastian in Spanien

Es war einmal eine Tierband, die Rock spielte, und aus folgenden Tieren bestand: Der Sänger war eine Katze, die Gerard hieβ. Der Gitarrist war ein Hamster, der Zac hieβ. Der Bassgitarrist war der Papagei Billie. Der Schlagzeuger, der eine Ratte war, hieβ Pete. Es gab noch eine andere Band – zwei Flöhe, die nur Polka spielte. Die Band hieß „Pepe und Pupi“.

Die Rockband „Tierisch stark“ wollte an einem Musikwettbewerb teilnehmen, um berühmt zu werden. Sie meldete sich an, um teilnehmen zu können. Der Tag des Wettbewerbs näherte sich und die Band wurde immer nervöser. Am Tag des Wettbewerbs waren alle sehr aufgeregt, aber sie waren davon überzeugt, dass sie gewinnen würden. Aber dann sahen die Musiker, dass ihre Feinde, die Flöhe, auch da waren. Die Flöhe waren hinterhältig und verkrochen sich, um einen Plan auszudenken. Sie beschlossen, die Instrumente zu stehlen, damit „Tierisch stark“ verlieren würde.

Und tatsächlich: Als „Tierisch stark“ wieder zurückkam, waren die Instrumente weg. Die Musiker dachten natürlich, sie wären verloren. Aber dann hatten sie eine Idee: Sie teilten sich auf, um die Instrumente zu suchen. Sie suchten in allen Zimmern. Als sie in das Zimmer der Flöhe kamen, fanden sie die Instrumente. Aber sie wollten die Flöhe nicht disqualifizieren. Als sie dann endlich dran waren, spielten sie ihren Song „Rock und Tiere“. Die Schiedsrichter flippten aus und fingen an zu tanzen. Die Flöhe standen hinter dem Vorhang und waren sehr wütend. „Tierisch stark“ gewann den Wettbewerb und nahm den Pokal mit nach Hause, der größer war als sie selbst.

Nach einem Jahr kam ein weltberühmter Hollywood-Filmemacher, der einen Film über das Erlebnis bei dem Wettbewerb drehen wollte. Die Band „Tierisch stark“ wurde weltberühmt und gab jeden Tag ein Konzert.

Das Kätzchen

Von Kamil Maciaszczyk
14 Jahre alt, aus Lodz in Polen

Du weißt so gar nicht, liebes Kätzchen,
wie viel Anmut du in dir hast.
So viel Glück und Freude
wie ein Cremevogel.
Nur du kannst den Platz des Bären nehmen,
der seit Jahren das Kindergesicht drückt.
Du schmiegst dich immer unter dem Bettzeug an,
wenn ich mit Sehnsucht weine,
weil die Eltern nicht da sind.
Ich wünsche mir,
dass du es weißt:
Wenn du mir einmal fehlen solltest,
werde ich mich an dich sogar
in der Schulbank erinnern.

Wettkampf der Tiere

Von Jonah Sellner
10 Jahre alt, aus Gerlingen in Deutschland

Es war einmal an einem schönen Tag. Die Tiere stritten sich, wer von ihnen der Beste war. Der Affe sagte: „Ich kann am Besten auf den Bäumen klettern."

Der Gepard rief: „Aber ich bin das schnellste Landtier." Da sprang plötzlich ein Delfin aus dem Wasser. Er schrie: „Ich kann am höchsten aus dem Wasser springen."

Da hatte der Papagei eine Idee. Er rief laut: „Lasst uns doch einen Wettkampf veranstalten." „Ok", sagte das Nilpferd.

Die Disziplinen waren: Wer am höchsten klettern kann, Zweihundertmeterrennen und ein Wettschwimmen.

Am nächsten Tag trafen sich alle Tiere, die bei dem Wettkampf teilnehmen wollten. Das Nilpferd brüllte: „Als erstes: Wer am höchsten klettern kann. Auf die Plätze, fertig, los!"

Die meisten Tiere gaben nach fünf bis zehn Metern auf. Als der Affe schon fast 50 Meter hoch geklettert war, hatte der Adler eine Idee. Er flog nach oben und stupste immer mit dem Schnabel an den Stamm. So überholte er den Affen und gewann die Disziplin.

Da rief das Nilpferd: „Ok, die erste Disziplin geht an den Adler. Kommen wir zur zweiten. Zweihundertmeterrennen. Auf die Plätze, fertig, los!" Der Gepard sprang los und lag ganz klar in Führung, doch der Maulwurf hatte sich unter der Erde einen

Tunnel mit einer Rutschbahn gebaut. Der Gepard wurde langsamer und dachte: Ich kann jetzt ganz gemütlich ins Ziel laufen.

Plötzlich kam der Maulwurf aus der Erde und rannte noch schnell über die Ziellinie. Wieder hatte ein Außenseiter gewonnen. Das Nilpferd rief wieder: „Nun das Wettschwimmen. Auf die Plätze, fertig, los!“ Schnell sprang die Katze auf den Rücken des Wals und kitzelte ihn so lange, bis er sie mit der Schwanzflosse über die Ziellinie schleuderte. So hatte die Katze gewonnen.

Alle Tiere, die gar nicht gewonnen hatten, riefen: „Das ist unfair, sie haben beschummelt.“ So einigten sie sich alle, dass jeder gleich viel zu sagen hatte und alle waren glücklich.

Das Einhorn

Von Rebecca Wendlandt
14 Jahre alt, aus Teneriffa in Spanien

Das Klingeln des Weckers drang nur langsam in Lenas Bewusstsein. Im Halbschlaf tastete ihre Hand hinüber zum Wecker und endlich gelang es ihr, dieses nervige Gerät auszuschalten. Gerade wollte sie sich umdrehen, um noch für „fünf Minuten“ liegen zu bleiben, was meistens darin endete, dass sie wieder einschlief, als sie mit einem Mal hellwach war. Hastig sprang sie auf und schlüpfte in ihre Reitklamotten. Wie hatte sie das nur vergessen können? Heute Morgen kam doch das neue Pferd im Reitstall an! Und da Samstag war, konnte sie gleich hinfahren, um beim Ausladen zu helfen und um das neue Pferd zu begutachten.

Sie warf einen Blick auf die Uhr: Viertel nach acht! Normal war sie Langschläferin, doch das Pferd sollte um 9 Uhr kommen und sie wollte ja pünktlich sein. Lena rannte die Treppe hinunter und richtete sich in aller Eile ein Frühstück. Außer ihr war noch niemand wach: Ihr Vater schlief am Wochenende immer aus, da er unter der Woche arbeitete, ihre Mutter war genau wie Lena Langschläferin und ihr großer Bruder war gestern Abend bei einer Party gewesen und stand heute vermutlich eh´ erst am Nachmittag auf.

Nachdem Lena gefrühstückt hatte, zog sie sich noch eine Jacke über und rannte dann los. Der Sonnenhof, das war der Reitstall bei dem sie ritt, war nicht weit weg, doch der Weg dorthin führte durch einen kleinen Wald und war ziemlich kurvig, so brauchte sie doch immer eine Weile bis sie ankam. Sie ritt bei dem Reitstall schon seit sie denken konnte, doch ein eigenes Pferd erlaubten ihr die Eltern nicht. Lena hatte sich einmal ein Pflegepferd nehmen wollen, doch am Sonnenhof war das nicht gegangen. Die Schulpferde waren zwar alle an die Reitschüler „verteilt“, was bedeutete, dass jeder Reitschüler sich um eines kümmern konnte, also ausmisten, füttern und was sonst noch so anfiel, doch Lena war eine von den Reitschülern, für die es kein Pflegepferd gegeben hatte, da die Schulpferde echt Mangelware waren. Deshalb hoffte sie, dass sie die Stute, die heute neu im Stall eintraf, als Pflegepferd bekommen konnte.

In der Zwischenzeit war Lena schon auf dem Waldweg. Plötzlich hielt sie an, denn von einer Lichtung nicht weit von dem Waldweg hörte sie ein Schnauben wie von einem Pferd. Langsam schlich sie sich heran und sah eine Schimmelstute, die von ihr abgewandt auf der Lichtung stand. Plötzlich drehte sich die Stute zu ihr um und Lena stieß einen spitzen Schrei aus: Das Pferd hatte mitten auf der Stirn ein langes, spitzes Horn - genau wie ein Einhorn. Lenas ursprüngliche Furcht verwandelte sich in Neugier: Was war das für ein seltsames Tier?

Langsam ging sie auf das Pferd zu und sprach beruhigend auf es ein. Im Näherkommen musste sie lachen: Ihr „Einhorn“ entpuppte sich als eine ganz normale Stute, der man ein Plastikhorn an der Stirn befestigt hatte. Sie trug sogar ein Halfter, das allerdings weiß war, genau wie die Stute, und das man von weiter weg nicht so gut sah. Vorsichtig nahm Lena die Stute am Halfter und versuchte sie Richtung Stall zu führen. Vielleicht handelte es sich ja um Mira, die neue Stute, die heute kommen sollte.

Aber wieso war sie dann schon da? Und vor allem: Wieso trug sie ein Plastikhorn auf der Stirn? Mit einiger Überredungskunst und etlichen Leckerlis aus Lenas Jackentasche gelang es ihr schließlich, ihr „Einhorn“ zum Stall zu führen. Von dort kamen ihr schon ihre Reitlehrerin, der Reitstallbesitzer und der Stallmeister entgegen.

Die Reitlehrerin rief, anscheinend völlig außer Puste: „Wo hast du Mira denn gefunden? Ich hab schon alles abgesucht! Vielen Dank, wir haben uns schon Sorgen gemacht! Wir dachten, sie läuft vielleicht zur Autobahn!“ Lena übergab Mira lachend dem Stallmeister und erwiderte dann: „Wo ich sie gefunden habe, erzähl ich euch erst, wenn ihr mir erklärt, wieso sie das Horn trägt! Ich dachte zuerst, ich hätte es mit einem echten Einhorn zu tun!“ Jetzt lachte ihre Reitlehrerin ebenfalls und erklärte dann: „Wir wollten für die Reitschüler, die heute zu ihrer Begrüßung kommen, ein echtes Einhorn präsentieren. Also nur so zum Spaß. Und Mira ist doch schon früher gekommen als geplant und uns dann ausgebüchst. Aber sie schaut doch wirklich sehr echt aus, nicht?“ Lena half noch bei der vollständigen Verwandlung von Mira zum Einhorn und, als die anderen Reitschüler kamen, wurde das Einhorn echt ein voller Erfolg. Mira wurde von allen nur noch liebevoll „Einhorn“ genannt. Lena wurde zum Star des Tages und immer wieder musste sie erzählen, wie es ihr gelungen war, „das Einhorn zu bändigen“.

Und abends, als Lena wieder heimgehen wollte, meinte ihre Reitlehrerin zu ihr: „Na, nach deiner heutigen Heldentat hast du dir doch Mira als Pflegepferd redlich verdient, was meinst du?“ Dem konnte Lena nur zustimmen und so kam es, dass sie schließlich „das Einhorn“ als Pflegepferd bekam.

Hundefraß von Bello

Von Clemens Schreiber
15 Jahre, aus Neubrandenburg in Deutschland

Hund Bello riecht mit seiner feinen Nas´
seinen leckeren Mittagsfraß.
Rudi, der Specht, sieht das natürlich auch
und ihm wird ganz hungrig im Bauch.
Er fliegt zum Boden nieder,
da streckt Hund Bello schon seine Glieder
und bellt und jault seine wilden Hundelieder.

Am liebsten würde er sich auf den Vogel stürzen
und ihm die Federn kürzen,
doch - was für ein Mist,
dass er angekettet ist.

Doch das ist Rudi nur recht
und läuft um den Baum, der kluge Specht.
Eine Runde und dann zwei,
jetzt ist er schon fast am Hundebrei.
Doch dem Hund macht das natürlich überhaupt
keinen Spaß,
er fühlt sich eingeengt wie in einem Fass.
Bis er schließlich total verkettet
nur noch bellt und bettelt.
Nun schleckt Rudi sich voll den Mund,
tja, da kann man nur sagen: dummer Hund.

Der kleine einsame Weihnachtsmann

Von Julia Brinkert
15 Jahre alt, aus Gelsenkirchen in Deutschland

Es lebte einmal irgendwo am Nordpol ein kleiner Weihnachtsmann. Er lebte mit seiner Katze in einem kleinen Häuschen mit einer Werkstatt und einem Rentierstall. In der Werkstatt arbeiteten viele kleine Kobolde mit roten Zipfelmützen und Knollnasen, die in kleinen roten Häuschen um des Weihnachtsmanns Haus herum wohnten. Sie waren eifrige Arbeiter und stellten das Spielzeug für die Kinder mit großer Sorgfalt und Freude her. Sie waren zuverlässig und konnten dem Weihnachtsmann fast immer mit irgendwelchen Problemen helfen.

Doch eines Tages gab es da etwas, was den kleinen Weihnachtsmann bedrückte. Er stapfte abends durch den Schnee und sah heimlich zu den Fenstern der kleinen Koboldhäuser hinein. Die Kobolde saßen überall in wohl gewärmten Stuben zusammen und ließen es sich gut gehen. In ihren Häuschen duftete es nach Weihnachten: nach Plätzchen, nach Zimt und Tannenzweigen. Leise hörte man das Knistern des Feuers.

Auch beim Weihnachtsmann hatte man einst zusammen gesessen, auch bei ihm hatte man Weihnachten riechen können und auch bei ihm hatte es nach Plätzchen und Tannenzweigen geduftet. Aber all das war einst gewesen.

Jetzt saß er ungern in seiner Stube. Das Feuer war fast nie an und Plätzchen backen wollte er schon gar nicht. Und wenn der Tag dann vorüber war legte er sich in sein Bettchen, nahm die Katze in den Arm und konnte lange nicht einschlafen.

Der kleine Weihnachtsmann war einsam. Er hatte niemanden, mit dem er in seiner Stube sitzen konnte, um Plätzchen zu backen oder um Tannenzweige aufzustellen.

Weihnachten rückte immer näher, jeden Tag wurde neues Spielzeug hergestellt, es gab viel zu tun und der Weihnachtsmann spürte seine Einsamkeit am Tag nicht so. Aber nachts war er wieder allein und nur die Katze kuschelte sich an ihn.

Dann kam der Heilige Abend. Schon ganz früh morgens war der kleine Weihnachtsmann aufgestanden und hatte das restliche Spielzeug verpackt. Hatte dies und das zusammen gesucht und die Rentiere gefüttert. Gegen Nachmittag war er mit seinem voll bepackten Schlitten los geflogen und hatte wie jedes Jahr die Geschenke an alle Kinder auf der Welt verteilt. War von der einen Stadt in die andere und von dem einen Land ins andere geflogen. Er hatte Geschenke unter Weihnachtsbäume gelegt und mal da, mal dort ein Bäumchen geschmückt. Doch von den Plätzchen, die man ihm hinstellte, rührte er nichts an. Er hatte keine Lust etwas zu probieren. Er war traurig, weil er so allein war.

Als der kleine Weihnachtsmann dann ganz spät abends wieder zum Nordpol kam, war er noch trauriger und einsamer als zuvor. Er versorgte seine Rentiere, brachte seinen Schlitten weg und wollte in seine Stube gehen, als dort auf einmal Licht anging. Der kleine Weihnachtsmann blickte in die Gesichter der kleinen Kobolde, die ihn lachend anblickten.

„Frohe Weihnachten“, riefen sie und dann nahmen sie ihn an die Hand und tanzten um den

Weihnachtsbaum herum. Und kaum merklich zog ein leichter Duft von Plätzchen und Zimt durch sein Häuschen und man hörte das Knistern des Feuers. Glücklich schlürfte der kleine Weihnachtsmann seinen Kakao. Er war nun nicht mehr einsam. Die Kobolde würden ihn besuchen und mit ihnen war es immer lustig!

Frohe Weihnachten, kleiner Weihnachtsmann!

Sonnenuntergang

Von Mona Königbauer
10 Jahre alt, aus Weilheim in Deutschland

Ich sitz` auf der Terrasse,
neben mir ein Hund.
Wir sitzen uns im Abendrot
die Hinterteile wund.

Cuca, der Kakerlak

Von Sebastian Meineck
15 Jahre alt, aus Ingelheim in Deutschland

Cuca ist ein Kakerlak. Er lebt unter dem Kühlschrank in der Küche eines kleinen Hauses. Cuca will ein anderer sein. Er findet sich hässlich, weil er so platt ist und braun. Er hasst es, sich immer in dunklen Ecken herumzutreiben. Doch das Licht blendet ihn. Nicht einmal fliegen kann er! Seine Flügel sind verkümmert und viel zu schwach, um ihn zu tragen. Cuca fühlt sich erbärmlich.

Die meiste Zeit sitzt er unter dem Kühlschrank, zwischen Staubballen, Sandkörnern und einem alten Bleistift, beobachtet die hin und her tapsenden Füße der Menschen und träumt davon, ein anderer zu sein. Am liebsten wäre Cuca ein Vogel. Es ist egal, welcher Vogel, Cuca kennt sich da auch nicht so gut aus. Wie sich das wohl anfühlt, so ein weiches Gefieder zu haben? Wie es wohl ist, singen zu können und von den Menschen geliebt zu werden? Als Vogel könnte Cuca ganz hoch fliegen, bestimmt bis zu den Wolken. Unter sich sähe er dann die ganze Welt mit all ihren Farben... Aber nein, Cuca ist ein Kakerlak. Scheußlich!

Jeden Tag um Mitternacht spaziert Cuca vor dem Haus, tippelt über den Bürgersteig, klettert in die Mülltonnen. Oft findet er da etwas Leckeres. Auch in jener besonderen Sommernacht machte er diesen Spaziergang, in jener Sommernacht, die vieles verändern sollte.

Alles schien wie immer: Die Blätter rauschten leise im Wind. Das fahle Licht der Straßenlaternen drang durch die Kronen der Eichen, die die Straße säumten.

Cuca krabbelte den Bordstein entlang und ließ trübsinnig die Fühler kreisen. Da hörte er ein wehleidiges Piepsen. Er entdeckte eine Meise, die auf dem Boden vor dem Nachbarhaus kauerte. Zitternd versuchte sie, ihren linken Flügel zu bewegen, der schlaff und zerzaust herabhing. Sie schluchzte und jammerte: „Oh, wie gern würde ich schlafen! Doch mein Flügel ist verletzt und ich habe mich verflogen."

Im selben Moment leuchteten hinter der Meise die gelbgrünen Augen einer Katze in der Dunkelheit auf. Sie blitzten gierig und böse. Den Körper der Katze konnte Cuca nur erahnen, weil es so dunkel war. Die länglichen Pupillen richteten sich starr auf den kleinen Vogel. Die Katze pirschte sich heran. Die Meise aber bemerkte nichts und faltete klagend ihre Flügel.

Was sollte er nur tun? Die Katze wollte die Meise bestimmt zerfetzen und fressen, und er, Cuca, war der einzige, der das verhindern konnte!

Jetzt waren die gelbgrünen Augen ganz nah, jeden Moment musste die Katze zum Sprung ansetzen. Cucas Herz schlug wie verrückt. Gleich würde es zu spät sein! Er nahm all seinen Mut zusammen und rannte so schnell er konnte direkt vor die leuchtenden Augen. Die Katze zuckte erschrocken zusammen. Cuca tänzelte und steppte einige Zeit vor ihrer Nase herum, um sie zu ärgern, dann flitzte er hin und her und unter ihr hindurch, ertastete mit den Fühlern ihre Pfoten und zwickte und kitzelte sie.

Die Katze fauchte. In unbändiger Wut wirbelte sie herum und schlug mit ausgefahrenen Krallen nach Cuca – doch er wich geschickt aus. Die Meise hatte sich schon längst in Sicherheit gebracht. Cuca zwickte die Katze ein letztes Mal und sauste schließlich zu einer Gartenmauer, wo er sich in der mörtellosen Spalte zwischen zwei Steinen verkroch. Die Katze setzte ihm nach und kratzte einige Zeit wütend über den Stein, doch ihre Krallen waren zu kurz, um Cuca in seinem Versteck zu verletzen. Sie musste von ihm ablassen und tapste mit zornigem Maunzen davon. Cuca blickte ihr nach, bis sie hinter der Straßenecke verschwand.

Da hopste die Meise zur Gartenmauer. Sie hatte sich in einer Hecke unter den Eichen versteckt. Sie blickte auf und piepste: „Oh, mein Retter! Du rennst so schnell wie kein anderer, obwohl es dunkel ist und verschwindest in den kleinsten Spalten... Sag, wer bist du nur?“

Mit zitternden Fühlern kroch Cuca hervor. „Ich bin Cuca, der Kakerlak“, sagte er. „Ich danke dir vielmals, Cuca“, piepste die Meise. „Du hast mir das Leben gerettet. Du bist ein Held.“ Cuca konnte nicht glauben, was er da hörte. Er, der hässliche Kakerlak, sollte ein Held sein? „Ich bin Marla“, sagte die Meise. „Ich freue mich, deine Bekanntschaft zu machen.“

Seit diesem Tag sind Marla und Cuca gute Freunde. Marlas Flügel ist schnell gesund geworden und Cuca hat gut aufgepasst, dass die Katze nicht wieder kommt. Weil Marla in der Nacht schläft und Cuca das Tageslicht nicht mag, treffen sie sich immer, wenn die Sonne untergeht. Marla nimmt Cuca so, wie er ist. Es macht ihr nichts aus, dass er nicht fliegen kann. Sie bewundert ihn sogar, weil er so schnell ist und sich im Dunkeln zurechtfindet. Das macht ihn stolz.

Eines Tages erfüllt Marla Cucas größten Wunsch. „Freunde ergänzen sich gegenseitig“, sagt sie und lässt Cuca auf ihren Rücken krabbeln. Er hält sich mit allen sechs Beinen fest, und Marla erhebt sich in die Lüfte. Die Sonne versinkt glühend hinter dem Horizont und taucht den Himmel in loderndes Rot. Der Wind saust um Cucas Fühler, und die Häuserdächer und Bäume der Stadt ziehen unter ihm vorbei.

Cuca braucht keine Angst zu haben, denn er weiß, dass Marla auf ihn aufpasst.

Die Giraffe

Von Nele Schlüter
6 Jahre alt, aus Kalkar in Deutschland

Die Giraffe hat einen Freund,
der heißt Affe.
Sie spielen zusammen bis in die Nacht
und dann werden beide ins Bett gebracht.
Am nächsten Tag spielen sie weiter:
Der Cowboy und der kopflose Reiter.

Yagmur und Rüzgar

VON AZIZ YILDIZ
13 Jahre alt, aus Duisburg in Deutschland

Es war einmal ein Pferd, es lebte in einem Wald und es hieß Rüzgar, das bedeutet Wind. Es war sehr schnell und es aß nicht viel, aber trank oft sehr viel Wasser. Jeder wollte auf Rüzgar reiten, aber er ließ nur einen Einzigen zu und der hieß Coskun. Nur Coskun durfte auf dem Tier reiten. Rüzgar lebte eigentlich in einem großen Wald, wo auch ein Fluss floss. Das Pferd war nur morgens im Wald, sonst war er bei Coskun, denn es hatte Angst, dass Coskun etwas passieren könnte. Deswegen wartete das Pferd die ganze Nacht vor seiner Tür, aber Coskun wusste nichts davon.

Es gab einmal eine Wette zwischen Coskun und seinem Cousin Yilmaz. Sie wollten ein Wettrennen mit ihren Pferden machen. Rüzgar konnte sehr gut hören und verstehen, aber er konnte natürlich nicht reden. Coskun trainierte sein Pferd und ritt viel auf ihm. Dann war es endlich soweit! Yilmaz, der Killer, hatte seinem Cousin eine böse Falle gestellt, um das Rennen zu gewinnen, aber Rüzgar hörte vorher davon. Er würde Yilmaz folgen und dann genau darauf achten, was Yilmaz machen würde. Rüzgar wollte an dieser Stelle im Wald besonders vorsichtig sein, damit er das Wettrennen nicht verlor. Das Pferd war bereit. Auf seinem Rücken saß Coskun und an seiner rechten Seite ritt Yilmaz mit seinem Pferd.

Sie starteten das Rennen. Yilmaz war ganz nahe hinter Rüzgar, sah die Stelle und sprang hoch darüber hinaus und ritt einfach weiter. Es war genau kurz vor dem Ziel. Coskuns Freunde wollten gerade einen Fuchs schießen, aber der Schuss traf leider Rüzgar. Dieser konnte nicht mehr ausweichen, doch trotz allem hat er das Rennen gewonnen und sagte: „Coskun, du bist immer noch mein Besitzer und es tut mir so leid, dass ich nicht bei dir bleiben kann." Jeder sah Rüzgar stolz an und dann schloss er für immer die Augen. Der Besitzer schrie: „Rüzgar, du kannst mich doch nicht alleine lassen", und weinte. Rüzgar war ein weibliches Pferd gewesen und es hatte auch einen Sohn, er hieß Yagmur. Coskun ging nun zu Yagmur und sagte: „Yagmur, deine Mutter lebt nicht mehr, sie ist beim Rennen gestorben." Yagmur ritt ganz schnell zum Wald, weil er so traurig war.

Nach ein oder zwei Jahren war wieder die Rede von Rüzgar. Alle sagten, dass Yagmur nicht wie seine Mutter und dass er viel zu langsam sei und zu viel essen würde. Alle wollten Yagmur nicht mehr haben, aber Coskun ging einfach schnell nach Hause, um nach dem Tier zu sehen. Er sah im Stall nach, aber Yagmur war nicht da. Coskun bekam Angst. Er saß wieder draußen auf den Treppen. Auf einmal kam Yagmur. Das Tier trainierte sich tagsüber selbst und wollte genau so schnell werden wie seine Mutter.

Es war mal wieder so weit. Es gab mal wieder ein Wettrennen wieder zwischen Coskun und seinem Cousin Yilmaz. Yilmaz wollte natürlich wieder das Rennen gewinnen, aber diesmal hatte er keine Falle vorbereitet, weil sowieso alle sagten, dass Yagmur so langsam sei. Coskun trainierte Yagmur, aber Yagmur wollte nicht mehr länger trainieren. Als das Rennen startete, ritt Yagmur hinter Yilmaz ganz langsam her und Coskun sagte: „Yagmur, bitte las uns das Rennen gewinnen, um es allen zu beweisen.“ Yagmur fing an ganz schnell zu reiten. Das Pferd überholte Yilmaz und alle sahen Yagmur stolz an.

Yagmur war genau vor dem Ziel und er gewann das Rennen.

Der Elefant

Von Esther Wickert
10 Jahre alt, aus Berlin in Deutschland

Es war einmal ein Elefant,
der lebte in einem Haus am Strand.
Er wohnte in Italien
und züchtete dort Dahlien.
Er trug die neueste Mode:
Streifen, grüne und rote.
Seinen Rüssel färbte er pinkblau,
sah aus wie `ne gestreifte Sau!

Die Geschichte von Florian Florfliege

Von Johannes Hülstrung
14 Jahre alt, aus Hagen in Deutschland

Florian atmete tief durch. Er versuchte, einfach ganz locker zu bleiben, doch es wollte ihm nicht recht gelingen. Wie verrückt zappelte er umher, wohl wissend, dass es ihn nicht aus seiner tragischen Lage befreien, sondern sie sogar noch verschlimmern würde. Panisch schrie Florian auf. Er war von Natur aus ein sehr ruhiger Mensch, aber das hier konnte selbst ihm – nein, eigentlich war Florian kein ruhiger Mensch. Er war nämlich überhaupt kein Mensch. Florian war eine Florfliege. Florian Fortescue-Florfliege, wie er mit vollem Namen hieß. Sein Großvater mütterlicherseits war nämlich Brite, genau genommen Schotte, er stammte aus –

Ja, gut, ich sehe, das interessiert euch nicht. Ihr wollt natürlich wissen, was denn nun Florian Fortescue-Florfliege so entsetzlich große Angst einjagte, dass ihm ein kalter Schauer über den - zugegebenermaßen recht kleinen - Florfliegenrücken lief. Eigentlich war Florian ja ein sehr gelassener Mensch - oh, pardon, ich meine natürlich eine gelassene Florfliege - die sich nur äußerst selten aufregte. Heute Morgen noch war Florian voller Elan und Lebenslust aufgewacht, doch nun hatte ihm die Furcht so sehr den Verstand vernebelt, dass er kaum noch klar denken konnte, was nicht allzu hilfreich war, da er - um aus seinem tödlichen Gefängnis zu entfliehen - einen rettenden Gedanken durchaus gut gebrauchen konnte. Okay, heute Morgen, als Florian voller Elan und Lebenslust aufgewacht war, war er ja gerade erst geboren worden. Mit komplettem Namen hieß er nämlich Florian Fortescue-Eintags-Florfliege, da sein Großvater väterlicherseits aus - na gut, ich schweife schon wieder ab. Was ich sagen wollte, ist, dass der schöne Tag, an dem unsere Geschichte spielt, gleichzeitig Florian Florfliieges (um ihn mit gekürztem Namen zu nennen) erster Tag in seinem kurzen Leben war. Leider auch der letzte, dank seinem Großvater väterlicherseits, der eine Eintagsfliege war und aus - ja, ja, das interessiert euch nicht, ich weiß schon. Obwohl ich natürlich sagen muss, dass es äußerst unterhaltsam wäre, mehr über Florian Fortescue-Eintags-Florfliieges (um ihn mit vollem Namen zu nennen) Großvater väterlicherseits zu erfahren, aber bitte, wie ihr wollt. Nun, Florian wusste zwar, dass der erste Tag in seinem Leben auch gleichzeitig sein letzter sein sollte, doch es wäre ihm sehr lieb gewesen, wenn sein Leben noch nicht jetzt, sondern erst in ein paar Stunden zu Ende gewesen wäre, denn er zog es vor, einen natürlichen Tod zu sterben. So, nun kommen wir langsam auf den Punkt zu, von dem ich euch schon die ganze Zeit zu erzählen versuche, doch da ich immer wieder abgeschweift bin, um von Florians Großvätern (sowohl väterlicherseits als auch mütterlicherseits) zu berichten, hat es eben seine Zeit gedauert. Ich bitte mich zu entschuldigen, denn ich möchte noch einmal mit aller Deutlichkeit sagen, dass es keine leichte Aufgabe ist, Geschichten zu schreiben, daher kann ich euch nur vorwarnen, dass ich nicht für eine florfliegengroßväterfreie Geschichte garantiere. Also, kommen wir nun endlich zu dieser - wie ihr jetzt ja wisst, nicht florfliegengroßväterfreien - Geschichte zurück. Natürlich interessiert es euch brennend (sollte es jedenfalls, wenn ich diese Geschichte ordentlich verfasst habe), wieso eine eigentlich sehr fröhliche, gelassene und niemals ängstliche Florfliege wie Florian auf einmal panisch mit den Flügeln umher schlug, fürchterlich aufschrie und ganz und gar keine Anzeichen von Freude zeigte. Na ja, aber jetzt mal ehrlich: Wärt ihr noch froh und munter, wenn ihr euch in einem äußerst klebrigen Spinnennetz verfangen hättet und nun aller Gewissheit nach dem Tod geweiht wäret? Nun ja, ich denke eher nicht, oder? So, das war eigentlich auch schon alles, was ich euch über Florian Florfliege erzählen wollte. Das Ende dieser Geschichte lasse ich offen, und für alle, die diese Geschichte lesen, bewerten und möglicherweise gar keine Ahnung von Prosa haben, möchte ich noch einmal betonen, dass dieser Akt des offenen Endes der Geschichte eine literarische Meisterleistung ist, und ich erwarte nicht weniger als tosenden Beifall, tausend Verbeugungen und von mir aus auch noch ein paar gellende Pfiffe (natürlich Pfiffe des Lobes) dafür. Außerdem bin ich gewissermaßen gezwungen worden, das Ende der Geschichte offen zu lassen, weil ich keinen Platz mehr habe und die doofe Anweisung dieses doofen Wettbewerbes lautete, nicht mehr als eine doofe Seite für die doofe Geschichte zu verwenden. So, und deshalb höre ich nun auf, ohne dass ihr Näheres über Florian Fortescue-Eintags-Florflieges Großväter (sowohl väterlicherseits als auch mütterlicherseits) erfahren habt. Selber Schuld. Ihr habt es ja so gewollt. (Florian Florflieges Großvater väterlicherseits stammte aus Papua-Neuguinea - ja, ist ja gut, ich hör ja schon auf. Pah. Ihr wisst ja auch nicht, was ihr wollt.)

Tiergedicht

Von Kristina Haller
10 Jahre alt, aus Berlin in Deutschland

Es war einmal ein Löwe,
der fing sich eine Möwe.
„Ach Löwe“,
sagt die Möwe,
„so lass mich wieder frei!“
Der Löwe nahm die Möwe
und steckt` sie in den Brei.
Dann ging er in den Garten.
„Das wird ein schöner Braten“,
so sagte sich der Löwe
und holte seine Möwe.
„Ach Löwe“,
sagt die Möwe,
„so lass mich wieder frei!“
Der Löwe nahm die Möwe
und zählte schnell bis drei.
Da machte seine Möwe
ein fürchterlich´ Geschrei.
„Du, Löwe“,
sagt die Möwe,
„ich will zurück zur See!“
Doch der Löwe sagt nur: „Nee!“

Neun Leben hat die Katz

Von Lukas Wagner
14 Jahre alt, aus Dornbirn in Österreich

Hallo, ich heiße Tom, und ich lebe bei der Familie Rehdamm. Oh, ich hab mich ja noch gar nicht richtig vorgestellt, na ja, dann fang ich doch gleich noch mal an. Also…!

Hallo, ich heiße Tom, bin 67 Katzenjahre alt und ich verbringe mein Katerleben bei der Familie Rehdamm. Diese hat mich vor 63 Katzenjahren aufgenommen, da ich von meiner alten Familie ausgesetzt wurde! Ja, es war eine schwierige Zeit damals, aber kommen wir nun zu meiner eigentlichen Geschichte. Heute erzähle ich euch etwas über mein spannendes Katzenleben: Bekanntlich haben Katzen ja neun Leben! Ich hab nur noch zwei! Wieso fragt ihr? Ja dann lasst mich mal erzählen:

Das erste Leben habe ich vor genau 60 Katzenjahren vergeudet. Ich war sieben und auf dem Weg nach Hause, als ich plötzlich eine Maus erblickte. Sie blickte mich verdutzt an, lachte mich aus und rannte davon. Nein Mäuschen, das lass ich mir nicht gefallen, dachte ich und begann die Verfolgung. Es war eine mühsame Jagd. Die freche Maus rannte so schnell sie konnte und ich immer hinterher. Aber die Maus kannte sich damals noch besser aus als ich und so brachte sie mich genau zu einem Hundespielplatz! Und wer war dann der Dumme? Ich! Nur knapp entging ich meinem sicheren Tod! Also erstes Leben futsch!

Das zweite Leben verlor ich vor 55 Jahren meinerseits. Ihr müsst bedenken, ich war damals noch ein Teenager und konnte schon richtig schnelle Runden um das Haus meiner Familie drehen! Ich rannte und rannte rundum! Immer schneller und schneller! Jeden Tag trainierte ich ein wenig, um die freche Maus (die damals immer noch nicht aus meinen Gedanken wollte) endlich zu erwischen. Eines Tages war mir unser Haus zu klein und so rannte ich die Hauptstraße entlang. Mein erstes Mal auf der Hauptstraße, wundervoll! Doch ich konnte ja nicht wissen, dass es dort eine Baustelle gab. Ein Bauarbeiter sah mich, wollte mich verjagen und ich ergriff die Flucht. Die ganze Zeit dachte ich an meine Flucht und schließlich kam es, wie es kommen musste. Ich fiel, ungeschickt wie ich bin, in einen offenen Abwasserkanal hinein. Zweites Leben futsch!

Das dritte Leben wurde wieder durch die doofe, freche Maus zerstört! Ich machte mich auf die Suche nach diesem Mäusevieh. Ich suchte und suchte und schlussendlich fand ich sie! DIE MAUS! Sie befand sich, komischerweise, auf einem Baum (oder lag das an dem komischen Getränk, dass ich zuvor getrunken hatte? Wie hieß es doch gleich … Bier?) Ich kletterte auf den Baum und sprang auf die Maus zu. Bei der Landung verlor ich den Halt und landete direkt im Teich unter mir! Panik überkam mich und überall sah ich blaugraue Mäuse, die an mir nagten oder mich auslachten und ich ging unter! Drittes Leben futsch!

Das vierte verlor ich in meiner Zum-Kater-werden-Zeit (in der Menschensprache Pubertät). Ich war 16, leichtsinnig, stark alkoholisiert, wie ich später feststellte, und, na ja, ein wenig benommen.

Ich und noch ein Kater wollten Spaß haben und wir zogen uns Katzenschleifchen an (bei den Menschen nennt man so was Frauenkleidung). Kurz darauf begaben wir uns zum Katzenklo der Katzen (und nicht der Kater). Es kam wie es kommen musste, die „Frauenkatzen“ haben uns erkannt und erschlugen uns beinahe. Sie zerkratzten mir die Haut und da…! Na ja, viertes Leben futsch!

Das fünfte verlor ich kurz danach. Mein Herrchen, Robert Rehdamm, nahm mich eines Tages in seinem Auto mit. Ich konnte zuschauen, wie mein Herrchen Auto fuhr. Wundervoll! Und da war es ja klar, dass auch ich mal fahren mochte, oder? Jedenfalls sprang ich auf das Lenkrad und wollte nach links, doch ich konnte nicht! Robert schrie und schrie, dann gab er mir einen festen Klaps, ich flog vom Lenkrad, das Auto überschlug sich und ich, ja, ich hatte mein fünftes Leben verloren! Meinem Herrchen ist ja fast nichts passiert. Wie würde sich denn der fühlen, wenn ich ihm auch mal einen Tritt in den Magen…! Aber lassen wir das!

Das sechste Leben verließ mich mit 32. Ich war schon ein wenig müde und hatte schon viel durchgemacht. Ich habe eine eigene Familie erworben. Meine wunderschöne Katzenfrau hatte mir drei Kätzchen geschenkt. Und so machte ich einen Spaziergang mit meiner Familie. Wir mussten über eine Straße und da geschah es! Ich blickte nach links und nach rechts und als kein Auto kam sagte ich zu meinen Kindern: „So rennt jetzt, Papa kommt nach!“ Und sie liefen. Als sie am anderen Ende ankamen, machte auch ich mich mit meiner Frau auf den Weg. Plötzlich kam ein Auto und fuhr über meinen immer gepflegten Schwanz. Alles schmerzte und es kam wie es kommen musst: Sechstes Leben weg.

So und jetzt mein bisher letztes verlorenes Leben. Das siebte: Damals hatte ich seit drei Tagen nichts mehr gegessen und mein Magen knurrte fürchterlich. So stibitzte ich eine Pizza Salami aus einer Pizzeria. Kaum hatte ich sie verschlungen, kam auch schon der Koch angerannt mit einem Messer in der Hand! Rasch schluckte ich den letzten Bissen Salami herunter und dachte, dass er das nicht gesehen hat. Doch, falsch gedacht! Der Koch warf sein Messer und erwischte mich, Gott sei Dank, „nur“ leicht am Fuß. Oh wie das schmerzte! Und wie ihr euch vielleicht denken könnt, war so mein siebentes Leben auch weg!

Jetzt kennt ihr meine Geschichte und mein Leiden! Obwohl ich nur noch zwei Leben habe, genieße ich es, denn der Genuss zu leben ist wundervoll. Und so wohne ich nun mit meinen inzwischen pubertierenden drei Kindern und meiner etwas veralteten Ehefrau bei meiner Ziehfamilie Rehdamm und erfreue mich an den vielen guten leckeren Speisen!

PS: Die freche Maus, die mir das erste und dritte Leben abgenommen hat, ist mir soeben in meine Klauen geraten. Sie sprach noch was von: „Tu meinen Kindern nichts! Wisst ihr, was gemeint ist?“

Euer Tom!

Die Überraschung

VON IDA MARIE SASSENBERG
14 Jahre alt, aus Hessisch Oldendorf in Deutschland

„Mädchen sind blöde! Mit denen kann man nicht befreundet sein. Die können ja nicht mal Ballspielen“, meckerte Jakob eines Morgens mal wieder, als Mama ihn bat, mit dem neuen Nachbarsmädchen zu spielen. „Ach Quatsch! Mädchen können sehr wohl Ballspielen“, gab Mama zurück. Doch es war hoffnungslos. Jakob war fest davon überzeugt, mit Mädchen könne man nix anfangen. „Jakob...“, versuchte es Mama noch ein letztes Mal, doch er unterbrach sie: „Was glaubst du, warum ich unbedingt einen Hund wollte und keine Hündin? Ganz einfach: Weil man mit Hündinnen nicht Ballspielen kann, weil die genauso sind wie die Mädchen!“ Mama gab es auf.

Am Nachmittag ging Jakob raus, um mit Bello, seinem Hund, Ball zu spielen. Bello konnte das sehr gut, denn Jakob ging oft mit ihm raus und übte. Das machte im sehr viel Spaß und manchmal rannte er sogar mit Bello um die Wette, aber er war nie sauer, wenn dieser gewann - und das tat er meistens!

Eines Tages, als Jakob mal wieder mit Bello auf die Wiese vor ihrem Haus gehen wollte, wo sie meistens Ball spielten, kam Bello nicht von seiner Schlafdecke im Wohnzimmer angerannt, wie er es sonst immer tat, wenn Jakob ihn rief. Jakob wunderte sich. Das hatte er ja noch nie erlebt, dass Bello nicht auf ihn hörte, wenn es ums Ballspielen ging. Also suchte er ihn im ganzen Haus, konnte ihn aber nicht finden. Langsam machte er sich Sorgen. Was, wenn Bello weggelaufen war und nun bei einem anderen Jungen lebte und mit diesem Ball spielte?

„Mama, weißt du, wo Bello ist“, rief er in die Küche, wo Mama gerade das Mittagessen vorbereitete. „Ja“, kam die Antwort. Jakob rannte, so schnell er konnte, in die Küche. „Wo“, schrie er fast. „Also...“, begann Mama und setzte sich auf den Küchenstuhl. „Papa ist gerade mit ihm zum Tierarzt gefahren.“ „Aber wieso? Ist er krank“, fragte Jakob, wie aus der Pistole geschossen. „Nein“, sagte jemand hinter ihm. Er drehte sich um und sah seinen Papa mit drei Hundewelpen auf dem Arm und zu seinen Füßen saß - BELLO!!!

„Bello! Da bist du ja wieder“, rief Jakob und umarmte den Hund. „Aber Papa“, sagte er „Warum musste Bello zum Tierarzt? Und was sind das für kleine Hunde?“ „Wir müssen wohl jetzt eher `Bella` zu ihm ... äh, zu ihr sagen. Und das hier“, Papa zeigte auf die Hundewelpen „sind Jana, Paul und Marie, Bellos ... äh Bellas Welpen.“

Jakob verstand das alles nicht. Bella? Welpen? Das konnte doch nur eines bedeuten: „Bello ist ein Mädchen? Eine Hündin?“ Papa und Mama nickten. „Und das sind ihre Babys?“ Wieder nickten Mama und Papa. Die ganze Zeit waren sie felsenfest davon überzeugt gewesen, Bello (oder Bella) wäre ein Junge, und nun... Da mussten auf einmal alle drei lachen und hörten minutenlang nicht mehr auf. Und es sah fast so aus, als würden die drei Hundebabys Jana, Paul und Marie auch ein bisschen grinsen - wenn Hunde so was können!

Nun wollt ihr sicher wissen, was aus ihnen allen wurde nach dieser Überraschung! Nun: Jakob spielte nun nicht mehr nur Ball mit Bello ... äh, Bella, sondern auch mit ihren drei Welpen. Außerdem freundete er sich auch mit dem Nachbarsmädchen an, da er ja nun wusste, dass Mädchen sehr wohl Ballspielen können!

Und wenn ihr es mir nicht glaubt, geht hin und schaut es euch an! Nichts an der Geschichte ist erfunden...

Freiheit oder Schweinebraten

VON HENRIETTE BRYKCZYNSKI
10 Jahre alt, aus Berlin in Deutschland

Es war einmal ein Schwein,
das wollte nicht alleine sein.
Da ging es in den Garten
und rieb sich dort die Schwarten.
Dann kam ein kleines Vögelein,
das wollt´ auch nicht alleine sein.
Nun waren sie zu zweit
und hatten eine tolle Zeit!
Da kam ein böser Bube,
der grub dem Schwein `ne Grube.
Gibt es ein Happy End?
Ja:
Das Vöglein half dem Schwein schnell raus,
da war der Spaß des Buben aus.
Nein:
Da endete das arme Schwein
als schmackhaftes Schweineeisbein…

Weltmeisterchen

Von Cornelia Zierhofer
14 Jahre alt, aus Wettingen in der Schweiz

Zuerst dachte ich, es sei ein Blatt. Wie jeden Morgen lief ich auf dem Weg zur Schule über die kleine, hölzerne Brücke. Die Oberfläche des Weihers unter mir kräuselte sich unter dem Wind, der mir auch beinahe die Mütze vom Kopf riss. Ich blieb stehen, weil ich noch einige Minuten Zeit hatte, legte die Unterarme aufs Geländer und beobachtete die Entenmutter mit ihren frisch geschlüpften Jungen. Es waren fünf und ihre Federn waren noch ganz zerzaust und flaumig. Sie drehten Runde um Runde und schnatterten fröhlich. Ein Frosch quakte.

Im Schatten des Brückenbogens trieb ein Blatt, so dachte ich jedenfalls, aber als es aus dem Halbdunkeln in den Sonnenschein tauchte, stachen mir zwei orange Plattfüßchen in die Augen. Hä?

Etwas verwirrt ging ich zum Ufer hinunter und holte das Ding mit einem Ast zu mir hin. Vorsichtig fischte ich es aus dem Wasser und erkannte, als es sich regte, dass es ein Entchen war. Ein kleines, triefnasses Ding. Erschöpft duckte es sich in meine hohle Hand und zitterte erbärmlich. Ich strich ihm mit der Fingerkuppe über das Köpfchen. Es zog ängstlich den Kopf ein, öffnete aber gleichzeitig ein Auge. „Hey“, sagte ich leise. „Hey, was hast du denn, Kleines?“ Es schluckte und öffnete leicht den Schnabel.

Was das wohl hieß? Ich wusste es nicht, es war auch nicht wichtig, viel mehr freute ich mich darüber, wie das kleine Ding sich vorsichtig erhob und begann, tollpatschig auf meiner Hand rumzutapsen. Ich lachte und stellte es behutsam auf den Boden.

Es blieb zitternd stehen und ich überlegte mir, dass es wohl einfach zu schwach gewesen war, um der Mutter zu folgen, zu schwach, um schon zu schwimmen.

Ich dachte an meine Schulnote, an die Matheprüfung und musste grinsen. Mir ging es gleich, ich schwamm auch gerade noch so auf dieser Schulstufe.

Mein kleiner Freund hatte sich hingesetzt, genau neben meinem Fuß und schmiegte nun sein Köpfchen an meinen Schuh. Es kam mir wie ein Dankesgruß vor. „Da gibt´s nichts zu danken“, sagte ich und strich dem Kleinen erneut über das Federkleid. Es schien ihm schon besser zu gehen. Da hörte ich hinter mir die Schulglocken läuten. Mist.

Ich nahm das Entchen wieder in die Hand und trug es zum Ufer, wo ich es behutsam ins Wasser setzte. Es strampelte kurz wild mit den Füßchen, schwankte, aber dann beruhigte es sich und schwamm wie ein kleiner Weltmeister davon. Ich blieb allein am Ufer zurück.

Atemlos sprang ich die letzte Stufe hoch, dritter Stock, zweite Tür, ich riss sie voller Schwung auf und trat keuchend ein. 24 Köpfe drehten sich in meine Richtung. „Na?“, fragte die Lehrerin nur und hob missbilligend eine Augenbraue. „Entschuldigen Sie ... vielmals...“, ich japste nach Luft, „aber ... ich musste ... noch ganz dringend ... ein Leben retten.“

Ramses II

Von Christophe Trzebanski
12 Jahre alt, aus Zolver in Luxemburg

Ich bin ein dickes fettes Nilkrokodil und beobachte die Pyramidenarbeiten von Ramses II mit meinen 20 Kumpanen. Immer wieder sehe ich riesige, mit Steinblöcken beladene Schiffe aus dem Süden des Reiches von den riesigen Steinbrüchen kommend, die an dem Ufer anlegen, so gut, als wäre der Nil 100 Meter tief. Die Kapitäne kennen jeden Quadratmillimeter des Nils. Sie wissen genau, wo jede Sandbank liegt, und zum Glück auch, wo die 21 Nilkrokodile liegen, die den Bau der Pyramiden beobachten.

Die Sklaven müssen schwer schuften, um die mehrere Tonnen schweren Steinblöcke an ihren Bestimmungsplatz zu bringen. Immer wieder bricht einer von ihnen zusammen oder wird von einem Aufseher halb tot geprügelt. Plötzlich peitschen Steine nahe bei uns im Wasser auf, ein Zeichen, dass wir verschwinden sollen.

Ich tauche schnell ab, damit die Arbeiter mich nicht im braunen, von Schlamm durchwühlten Wasser sehen können, keine Sekunde zu früh: Ein Steinblock fällt in das Wasser, dann noch einer, dann noch einer, bis ein kleiner Steg entstanden ist. Ich hab keine Ahnung, wieso, doch eine Stunde später weiß ich es: Ein prächtiges Schiff, voll verziert mit Diamanten und Saphiren, legt am Steg an, ein riesiges Segel, bemalt mit einer riesigen Krone. Der Mann, der heraussteigt, ist noch prächtiger als das Schiff.

Seine Krone sieht aus wie ein Thron, darauf ringelt sich eine Schlange. Das ist die Krone des Oberen und des Unteren Reichs gemischt. Der Mann ist alt, geht gebückt auf einem goldenen Stab, der oben mit dem größten Diamanten, den es gibt, besetzt ist, auf dem Steg entlang. Seine Gewänder sind so schön, dass sie jeden blenden, der in seiner Nähe ist. Er zeigt mit einem seiner Finger auf die Pyramide, die fast fertig ist und zeigt dann mit dem Daumen nach oben.

„Das heißt bestimmt, dass sie ihm gefällt“, raune ich meinen Kollegen zu, die jetzt nur noch zu 19 sind, da eines von einem Steinblock zerquetscht wurde. „Es war das Fetteste, das Faulste und das Dümmste von uns, also kein großer Verlust“, meinten wir, nachdem sich das Blut im Wasser verzogen hatte. Ramses II wurde die ganze Zeit von ein paar stämmig wirkenden Männern begleitet, die so aussahen, als wäre der Pharao ihr Hampelmann (was wahrscheinlich auch noch stimmt).

Jetzt sehe ich, wie einer der Arbeiter einen Steinblock auf der Pyramide zertrümmert, damit daraus die Spitze der Pyramide entsteht. Als die Spitze an den richtigen Platz gehievt ist, steigen Hunderte von Arbeitern die Pyramide hoch. Jeder hat eine bestimmte Aufgabe. Sie hauen mit einem Granitstab die Steinblöcke so zurecht, dass daraus eine glatte Pyramidenfassade entsteht. Innerhalb eines Tages sind die Steine zur Hälfte zurecht geschlagen und die abgeschlagenen Steine werden unten jede Stunde von neuem weggeräumt.

Nun ist Abend und wir Krokodile legen uns in den nahen Tümpel, um zu schlafen. Vor dem Einschlafen hört man noch das Klopfen im nahen Tal der Könige.

Einfach tierisch

Von Sam Tironzelli und
Wilson Ferreira
12 und 11 Jahre alt, aus Beles in Luxemburg

Goldig mollig, wer ist das,
besser gefragt, was ist das.
Gestern lag ich noch im Bauch,
heute spiel ich schon im Strauch.
Spielen, rennen durch das Hamsterhaus,
am Abend schnell ins Bett und aus die Maus.

Früh am Morgen aus dem Bett,
vom Herrchen schnell gefüttert - ganz nett.
Größer als `ne Ameise, aber kleiner als `ne Meise.
Bin keine Laus, keine Maus,
aber wohne in einem Minihaus!

Dünnes Fell, kurzer Schwanz, kleine Beine,
auch große Zähne hab ich keine:
Hunde, Katzen mag ich nicht;
das macht doch nichts, denn Katzen
mögen auch nicht mich kleinen Wicht.

Hasen-Gedicht

Von Julien Hübsch und Tom Wiltzius
12 Jahre alt, aus Beles in Luxemburg

Auf dem Rasen
springen Hasen.
Die Hasen rasen
über den Rasen.
Sie suchen Karotten,
die nicht verrotten.
Die Hasen verrotten
auf dem Rasen,
wenn sie nicht essen
die Karotten.
Schneller als ein Luchs,
ist der Fuchs,
wenn er sucht
die Hasen
auf dem Rasen
Doch dann kommt der Bauer
über die Mauer,
ist schlau, wie ein Luchs
und findet den Fuchs.
Er rettet die Hasen,
die rennen über den Rasen.
Sie sind müde vom Rennen
und gehen jetzt in ihr Nest pennen.
Nach dem Pennen gehen
die Hasen zu den Hennen,
die nicht friedlich pennen,
sondern aufgeregt herumrennen.
Gemeinsam nun flennen
Hasen und Hennen.

Tierischer Trostspender

VON KLARA FLENKER
12 Jahre alt, aus Münster in Deutschland

„Wieso immer sie“, brüllte ich meine Mutter an und knallte die Tür zu meinem Zimmer zu. Ich heiße Sarah und bin 13 Jahre alt. Im Moment kotzt mich alles an! Am meisten aber meine Mutter!

Ich habe nämlich noch eine Schwester, die Luisa heißt. Aber sie ist behindert und sitzt im Rollstuhl. Das ist ja gerade das Problem, denn alles dreht sich nur um sie! Ihr könnt euch gar nicht vorstellen, wie das nervt! Luisa hier, Luisa da! Sie wird ständig gelobt und um mich scheint sich hier kein Mensch zu scheren! Ja, und gerade ist mir der Kragen geplatzt als meine Mutter zum tausendsten Mal erwähnt hat, wie toll Luisa ihre Krankengymnastik macht und mich nebenbei für meine Vier in Mathe anblaffte!

„Sarah, gehst du bitte mit dem Hund? Und zwar einen großen Gang, okay“, schallte es aus dem Wohnzimmer, wo meine Mutter mit Luisa spielte. Ich schlurfte aus meinem Zimmer, murmelte: „Na klar...“, und rief Luna, unseren kleinen Beagle. Der Hund war der einzige, dem ich meine Sorgen erzählen konnte. Er hörte einfach nur zu und sagte nichts dazu.

Wie lange ich Luna meine Sorgen klagte und dabei durch die Stadt lief, wusste ich nicht. Ich wusste nur, dass meine Mutter mit Luisa zur Krankengymnastik gegangen war, als ich wiederkam. Weil es schon so spät war und ich keine Lust auf meine Mutter hatte, legte ich mich mit einem Buch ins Bett. Ich hörte noch, wie meine Mutter nach Hause kam, Luisa bettfertig machte und ihr eine gute Nacht wünschte. Ich wartete auf einen Gute-Nacht-Kuss, doch nichts passierte.

Aber noch an diesem Abend fasste ich einen Entschluss: Ich wollte abhauen und Luna mitnehmen. Nur für ein paar Tage, um zu gucken, ob Mama das überhaupt merkt. Jawohl, das wollte ich tun!

Nachts um 4.00 Uhr klingelte mein Handy-Wecker und ich sprang sofort aus dem Bett. Schnell zog ich mich an und packte meinen nötigsten Kram in meinen Rucksack. Ich schlich mich auf Zehenspitzen in die Küche, stopfte noch essbares Zeug in meinen Rucksack und schnappte mir Luna samt Leine und Hundefutter.

Dann schwang ich mich auf mein Rad und radelte los. Es war noch dunkel, und das war auch gut so, denn so sah mich wenigstens niemand. Es waren zwar Sommerferien, aber man kann ja nie wissen.

Ein Ziel hatte ich auch schon und zwar eine Hütte im Wald, wo ich öfter mit Luna und Luisa gewesen war. Ich radelte in Rekordtempo zur Hütte. Die Hütte war zwar alt, aber eigentlich noch ganz gut erhalten. Sie stand auf einer kleinen Lichtung mitten im Wald. Im Laufe der Zeit hatte ich sie mir mit einer Wolldecke, ein paar Polstern, einem zusammen gezimmerten Tisch und einem Mini-Schränkchen sehr gemütlich eingerichtet. Luna hechelte ganz schön, als ich mein Fahrrad an einen Baum schloss, denn wir waren 20 Minuten stramm geradelt. Als erstes machte ich es mir in der Hütte gemütlich.

Aber als ich so über die Situation nachdachte, fiel mir ein, dass Luisa ja von dieser Hütte wusste und es theoretisch jeden Moment meiner Mutter erzählen konnte! Aber nein, das würde sie nie tun. Sie war ja auch gar nicht das Problem, sondern meine Mutter!

Nach dem „Einrichten“ und einem ausgiebigen Spaziergang mit Luna schaute ich auf die Uhr: Huch! Es war schon 9.00 Uhr! Na ja egal. Ich ließ mich in die weichen Polster fallen und begann zu lesen.

Eine geraume Zeit später, ich musste wohl eingenickt sein, fuhr ich erschreckt hoch! Bei einem Blick auf die Uhr erschrak ich noch einmal: Es war schon fast 12.00 Uhr! Denn Luna bellte wie verrückt! Ich versuchte sie zu beruhigen, doch sie kläffte nur noch lauter! Aber langsam dämmerte es mir, denn sie bellt sonst eigentlich nie. Es musste irgendetwas passiert sein! Ob ich entdeckt worden war?

Sofort öffnete ich die Tür, worauf Luna blitzschnell an mir vorbeilief! Ich sprintete ihr hinterher, um die Ursache ihres Bellens herauszufinden. Irgendwann kamen wir an ein besonders unwegsames Stück des Waldes und das, was ich da sah, verschlug mir die Sprache: Da lag ein umgekippter Rollstuhl und darunter schaute ein Haarschopf hervor, der verdächtig nach meiner kleinen Schwester Luisa aussah.

Als ich die Sprache wieder gefunden hatte und den Rollstuhl samt meiner kleinen Schwester wieder auf die Beine gestellt hatte, fragte ich ein wenig verdattert: „Sag mal, was machst du hier?“ „Ich wusste doch, dass ich dich hier finden würde! Aber kannst du jetzt bitte meinen Rollstuhl aufheben“, antwortete meine Schwester keck.

Als wir ein wenig später bei einem kalten Kakao in der alten Hütte saßen, meinte Luisa plötzlich:

„Mama ist voll fies zu dir! Das finde ich nicht gerecht!“ Nach einer kleinen Pause antwortete ich ihr. „Deswegen bin ich ja auch abgehauen, aber danke, dass du an mich gedacht hast!“ „Da musst du lieber Luna danken, denn ohne sie läge ich jetzt wahrscheinlich immer noch da draußen im Wald und keiner hätte mich gehört!“ „Ja das war echt tierisch gut, Luna!!!!!!!“

Nachtrag:
Was nach der Sache mit Mama geschah:

Nun ja, nach ein paar Stunden, die ich mit Luisa und Luna in der Hütte verbrachte, klingelte mein Handy. Ich schaute auf das Display und erschrak! Nicht weil ich es nicht geahnt hatte, sondern weil ich so lange nicht daran gedacht hatte. „Ja, Mama?“ Ich telefonierte geschlagene zwei Stunden und zum Schluss hatte ich mich doch wieder mit Mama vertragen und sie versprach, mich künftig mehr zu beachten.

Wie heißt es noch: Hund gut - Alles gut!
(Oder wie war das noch?!)

Eine Fabel

Von Cristina Lucioni
12 Jahre alt, aus Witten in Deutschland

Gelangweilt spazierten zwei Jungen durch die Gegend. Da sahen sie am Bach drei Frösche. „Na, wie geht´s“, kicherte der eine Junge zu den Fröschen und lachte sich noch im selben Moment über seine Handlung kaputt.

„Wieso lachst du denn so, was ist an der Frage so witzig“, fragte einer der Frösche nun verwundert. Sofort fiel den Jungen die Kinnlade runter: „Das ist nicht dein Ernst! Du kannst sprechen?“ Daraufhin rief ein andrer Frosch: „Klar können wir! Wir könnten euch eigentlich auch einiges über unser Leben erzählen, natürlich nur, wenn ihr wollt.“ „Das wollen wir gar nicht wissen. Uns ist langweilig“, gackerte der Größere von beiden.

Also überlegten die Frösche einen Moment. Doch dann sagte der dritte Frosch: „Wir kennen viele Spiele! Hört euch erstmal alle an.“ Aber jetzt brüllte der kleinere Junge: „Ich kenn da ein ganz tolles Spiel, es heißt `Frösche´ verletzen!“

Ganz erschrocken stotterten die Frösche im Chor: „Oh, BITTE verschont uns, BITTE!“

Doch die Jungen hatten bereits nach Steinen gegriffen und begannen, sie auf die Frösche zu werfen. Nach kurzer Zeit waren alle drei Frösche tot, die Jungen jedoch hatten immer noch oder schon wieder Langeweile.

Aber nicht nur das, sie hatten auch noch etwas viel Schlimmeres: ein schlechtes Gewissen! „Die Frösche tun mir sehr leid, sie waren sooooo nett, und wir haben sie einfach getötet!", trauerte der eine Junge. „Und, das Schlimmste ist, wir können es nicht mehr rückgängig machen", schluchzte der andere.

Moral:

Für die Jungen:

Das Leben ist wie ein Stift, den man nicht wegradieren kann. Überlege dir also immer, was du tust, bevor du es auch wirklich machst!!!!

Für die Frösche:

Auch wenn du noch so nett und hilfsbereit bist, hüte dich vor anderen, die nicht so sind!

Das Tigerei

Von Lino Leo Thomas
8 Jahre alt, aus Berlin in Deutschland

Es war einmal ein kleines Mädchen. Sie war ungefähr acht Jahre alt. Eines Tages ging sie spazieren. Da fand sie ein kleines Ei. Vorsichtig steckte sie es in die Tasche ihres Kleides und nahm es mit nach Hause. Zu Hause angekommen, schaute sie sofort in Papas dickem Lexikon nach. Unter dem Buchstaben „E“ fand sie ganz viele Eier von verschiedenen Tieren. Sogar ein Bild von einem Ei, wie sie eines gefunden hatte. Darunter stand: Tigerei. Nun wusste sie, dass aus ihrem Ei ein kleiner Tiger schlüpfen würde. Als ihre Eltern nach der Arbeit nach Hause kamen, fragte sie diese sofort, ob sie das Tigerei behalten dürfe. Die Eltern überlegten kurz, dann stimmten sie zu. Sie nahmen das Mädchen auf den Arm und der Vater hatte eine gute Idee. Er sagte: „Wir können ein Gehege für den kleinen Tiger bauen, damit er sich bei uns wohl fühlt.“

Das taten sie dann auch. Nach drei Tagen war das Gehege fertig und wenige Tage später schlüpfte ein Tiger aus dem Ei. Der kleine Tiger sah genauso aus, wie der kleine Plüschtiger, der auf dem Schrank im Zimmer des Mädchens saß. Beide waren schwarz und gelb gestreift und hatten schwarze Knopfaugen. Die beiden wurden gute Freunde und mussten nie mehr einsam sein. Sie tanzten und sangen zusammen, gingen spazieren, feierten Geburtstage und machten viel Unsinn miteinander.

Bald kam ein neues Ei und sie hatten immer sehr viel Spaß.

Die käsegelbe Maus

VON SOFYA MARCHENKO
9 Jahre alt, aus Berlin in Deutschland

Es war einmal eine ganz gewöhnliche Maus mit einer ganz gewöhnlichen Familie. Eines Tages ging sie Futter suchen. Und man kann sich ja schon denken, was eine Maus sucht: Käse, Käse und noch mal Käse.

Gerade hatte aber der Maulwurf gelbe Farbe besorgt, um seine Wände neu zu streichen. Doch die Maus dachte, es wäre Käsesuppe und plumpste glatt in den Eimer hinein.

„Igitt“, quietschte die Maus, als sie heraus kam. Doch dann schüttelte sie ihr Fell ab und hopste nach Hause. Zu Hause sagten ihre fünf Kinder: „Wie siehst du denn aus!“

„W-was“, fragte die Mutter, denn sie hatte Farbe im Ohr. Die Kinder wiederholten es. Dann ging die Mutter unter die Dusche. Zum Abendbrot gab es Mais mit Soße. Der Vater hatte auf dem Feld Mais gepflückt.

Und die Soße, die hatte die Nachbarratte für alle gemacht. Sie setzten sich jetzt alle gemeinsam an den Tisch und aßen mit großem Appetit.

Die Neuen

Von Stella Xu
11 Jahre alt, aus Hong Kong in China

Im Schein des Mondlichts sah man alles haargenau, auch jedes einzelne Tier aus dem „Grünen Wald“. Alle blickten aufgeregt drein. Der Hirsch mit dem gewaltigen Geweih sprach: „Ihr wisst, dass Eindringlinge in unseren Wald gekommen sind? Und dann auch noch Füchse! Bei uns im Wald gab es noch nie Füchse. Meiner Meinung nach müssen sie weg! Sie sollen gefälligst dorthin gehen, woher sie gekommen sind!!!“
„Richtig, was fällt ihnen ein, in unseren Wald zu kommen“, meinte das Wildschwein.
„Aber anderseits müssten wir sie mal fragen, weshalb sie hier sind. Sicher haben sie auch ihre Gründe“, sagte der gutmütige Igel.
„Wer will sie fragen? Ich nicht“, brummte der Braunbär.
„Gut, dann werde ich das tun“, erwiderte der Igel. „Morgen um diese Zeit berichte ich euch, was die Füchse mir geantwortet haben.“

Am nächsten Tag bei den Füchsen am Bau: „Hallo, ist jemand da? Ich muss mit euch sprechen!“ Ein kleiner, hinkender Fuchs kam zögernd aus dem Bau heraus und piepste: „Warten Sie bitte kurz, meine Eltern kommen gleich.“
„Da sind wir auch schon“, sagte ein großer, männlicher Fuchs. „Nun, wir hören.“
„Ich bin ein Beauftragter von den Tieren des „Grünen Waldes“ und möchte gerne wissen, weshalb ihr denn hier seid.“

Der große, männliche Fuchs klagte: „Natürlich sind wir nicht einfach zum Spaß hier. Menschen haben unseren alten Wald gefällt und wir mussten flüchten! Auf der Flucht hat unser Sohn sich das Bein verstaut und nun habt ihr noch nicht mal Mitleid mit uns. Generation für Generation haben wir in dem anderen Wald gewohnt und friedlich neben den Menschen gelebt. Nun wollen sie mehr Platz von uns, geben uns dafür aber auch nichts zurück! „Ach so, so ist das also. Das Problem ist nur, die Tiere des „Grünen Waldes" sehen euch als Fremde."
„Wenn wir die Tiere kennen lernen dürften, wären wir doch nicht mehr fremd", meinte der Fuchs.
„In Ordnung, ich werde das den anderen Tieren mitteilen."

In der Nacht, auf der Tierversammlung: „So, nun habe ich euch auf das Wort genau mitgeteilt, was die Fuchsfamilie gesagt hat", sagte der gutmütige Igel.
Der Braunbär brummte: „Hm, nach meiner Meinung können die Füchse bleiben. Schließlich können sie nichts dafür, dass die Menschen ihren Wald gefällt haben. Hoffen wir einfach, dass die Menschen irgendwann einsehen, dass sie nicht die einzigen Bewohner der Erde sind. "

Nach kurzer Beratung stand fest, dass die Fuchsfamilie bleiben durfte.

Bim - schwarzes Ohr

Von Michael Lewash
10 Jahre alt, aus Berlin in Deutschland

Es war einmal ein ganz gewöhnlicher Junge wie jeder andere. Er wohnte mit seinen Eltern in einer Wohnung, in der Stadt Berlin. Es war alles gut, aber er hatte große Angst vor Hunden. Hunde liefen in der Stadt, mit und ohne Leinen.

Wenn der Junge an so einem Hund vorbeiging, drückte er kräftig die Hand seiner Mutter oder seines Vaters und kniff die Augen zusammen. Irgendwann ging der Junge in die Schule. Zuerst brachte ihn die Mutter dahin. Als er größer war, ging er alleine.

Einmal saß ein großer Hund auf der Straße. Er sah den Hund und hielt an. Der Junge versuchte, mit kleinen Schritten um den Hund herumzugehen. Aber der Hund glotzte so komisch und knurrte, dass der Junge schnell nach Hause rannte. Danach musste seine Mutter ihn zur Schule bringen.

Irgendwann endete das Schuljahr und es begannen die Sommerferien. Die Eltern brachten den Jungen zu seinem Opa ins Dorf. Neben dem Haus von seinem Opa saß ein großer Hund. Der Hund war riesengroß, weiß und hatte ein schwarzes Ohr. Als der Hund ihn sah, fing er laut an zu bellen. Der Junge flennte.

Der Opa hörte das Bellen und kam aus dem Haus. „Schluss, aus“, befahl er. Der Hund hörte auf zu bellen. Der Opa erkannte gleich, warum der Junge weinte. Er streichelte den Jungen und sagte: „Der Hund ist der Freund des Menschen. Vor ihm soll man keine Angst haben, aber ihn auch nicht ärgern." Die Eltern fuhren weg und der Junge blieb im Dorf.

Die erste Woche lang guckten sich der Junge und der Hund, der übrigens „Bim - schwarzes Ohr" oder einfach nur „Bim" hieß, an. Immer wenn Bim den Jungen sah, fing er an mit seinem Schwanz zu wedeln, aber dem Jungen näherte sich Bim nicht, als ob er verstand, dass der Junge vor ihm Angst hatte.

Einmal, als der Junge auf der Terrasse saß, kam Bim zum Jungen und legte neben ihn einen Stock. Der Junge versuchte den Stock weit zu werfen, Bim raste hinterher und brachte dann den Stock im Maul zurück. Der Junge warf wieder den Stock, Bim raste wieder hinterher. Der Junge freute sich und der Hund wedelte fröhlich mit seinem Schwanz. Da kam der Opa aus dem Haus und sagte: „Na endlich seid ihr Freunde geworden."

Der Junge begriff, dass er keine Angst mehr vor Bim hatte. Dann streichelte er den Hund, und Bim leckte seine Hand. Bim und der Junge waren die ganzen Ferien lang zusammen. Der Hund begleitete den Jungen überall hin: zum See, in den Wald. Immer war Bim neben ihm. Sie trennten sich nur nachts. Der Junge ging schlafen ins Haus, Bim blieb draußen, er hatte seine eigene Hundehütte.

Morgens saß Bim auf der Terrasse und wartete darauf, dass der Junge raus kam. Wenn Bim ihn sah, winselte er, sprang zu ihm hoch und versuchte seine Nase zu lecken.

Aber die Ferien vergingen und der Junge musste wieder in die Stadt Berlin. Bim spürte irgendwie, dass der Junge fort musste. Bim war traurig und wollte weder mit dem Stock, noch mit dem Ball spielen.

Der Vater des Jungen kam mit seinem Auto, um den Jungen abzuholen. Der Junge umarmte den Hund und flüsterte ihm ins Ohr: „Bim, ich komme sicher nächsten Sommer wieder." Der Opa und Bim begleiteten den Jungen zum Auto. Der Junge stieg ins Auto und wiederholte immer wieder: „Bim, ich komme zurück!"

Das Auto fuhr weg. In einer Staubwolke sah der Junge Bim, der hinter dem Auto her rannte. Aber das Auto fuhr schnell, bald konnte man Bim nicht mehr sehen.

Nächsten Sommer verbrachte der Junge die Ferien im Ferienlager. So sahen sich der Junge und Bim - schwarzes Ohr nie mehr wieder.

Diese Geschichte ist einmal wirklich passiert. „Der Junge" ist mein Vater. Einmal ging mein Vater mit mir im Park spazieren, uns kam ein großer, weißer Hund mit einem schwarzen Ohr entgegen. Als mein Vater den Hund sah, sagte er: „Bim - schwarzes Ohr", und erzählte mir diese Geschichte.

Trauriges Eichhörnchen

Von Maximilian Weichart
7 Jahre alt, aus Regensburg in Deutschland

Das Eichhörnchen Felix hatte Rattengift gefressen, das im Park ausgelegt worden war. Zuerst bekam es fürchterliche Bauchschmerzen und dachte, es müsse sterben.

Dann fielen ihm all seine schönen, braunen Haare am ganzen Schwanz aus, so dass er wirkte wie eine Spaghetti. Seine Freunde lachten ihn aus und wollten nicht mehr mit ihm spielen, weil er so seltsam aussah. Es schämte sich sehr.

Nur Außenseiter Simon, ein fettes, nerviges, schwarzes Eichhörnchen, kam nach wie vor zu ihm - vielleicht nur aus Schadenfreude?

Vier Monate später dachte Felix, er sähe nicht richtig: Die Haare begannen auf einmal zu sprießen! Alle wollten plötzlich wieder seine Kumpels sein, aber Felix gestattete das nur, wenn sie auch Simon mitspielen ließen.

Die letzte Nacht

Von Sarah Fabian
14 Jahre alt, aus Gelsenkirchen in Deutschland

Sie ging durch die Straßen Manhattans. Die leeren Fenster starrten sie an. Manchmal kam sie an einem vorbei, dessen Fenster mit Stoff behängt waren. Es fiel warmes Licht hinaus auf die Straße. Jedes Mal, beschienen von diesem Licht, wünschte sie sich, zu jemandem zu gehören. Etwas zu essen, einen sorgsamen Menschen und einen warmen Platz vor dem Feuer. Ein wohliger Schauer erfüllte sie. Doch dann fiel ihr Blick auf die andere Straßenseite, deren Gassen sie dunkel anstierten. Mit hängendem Kopf schlich sie weiter.

Gina hatte ihr gesagt, in der Mainestreet gäbe es das beste Futter. Allerdings nur bis Donnerstag. Sie wusste, dass heute Mittwoch war. Ein Blick auf die große Anzeigentafel des Bahnhofes genügte. Nur noch ein paar Schritte, dann hatte sie die Mainestreet erreicht. Vergammeltes Fleisch, verfaulte Früchte roch sie. Aber da, da war ein Hauch Fisch. Zwar nicht mehr frisch, aber auch nicht verdorben. Freudig setzte sie im Sprint auf die Mülltonne zu. Vorderpfoten sachte auf den Boden, Hinterbeine aufsetzen, den Körper anspannen, sich von dem Boden abdrücken und in einem Satz saß sie auf dem Mülltonnenrand. Vorsichtig verteilte sie ihr Gewicht und hangelte nach dem Fisch.

Ein hartes Fauchen ließ sie aufsehen. Kaum zwei Meter vor der Tonne stand Ginger. Sein Rücken war zu einem Buckel geformt und seine Schnurrhaare bebten. Schnell sprang sie von der

Mülltonne. Es hatte keinen Sinn, sich mit Ginger anzulegen. Dieser stolzierte zu ihr herüber und blieb dicht vor ihrer Schnauze stehen. „Danke, du kleines Miststück“, er hob eine Pfote und betrachtete zufrieden seine Krallen. „Wo ist eigentlich dein Bruder? Oh, entschuldige, er ist ja verschwunden!“ Er lachte gehässig.

ZACK! Ihre Pfote traf. Gingers Kopf zierte eine rote Spur, die sich quer über sein Gesicht zog. „Das wirst du mir büßen!“ Ein grimmiges Fauchen, dann war er weg. Zufrieden schaute sie sich um. Ein Sieg! Doch sie wusste, dass sie die morgige Nacht nur knapp oder gar nicht überleben würde.

Der Mond strahlte herab, sein silberheller Glanz schimmerte in ihren Augen, als wollte er sagen: „Genieße es, solange du noch kannst.“

Aus dem Leben meiner Haustiere

Von Josephine Franke
10 Jahre alt, aus Neuenhagen in Deutschland

Dort saß ein schneeweißes Kätzchen
mit einem pechschwarzen Lätzchen.
Es tapste durch den Schnee
und sah ein kleines Reh.
Es rannte ganz schnell weg
zu einem ganz bestimmten Fleck.
Doch dort war eine Kuh,
die machte sehr laut „Muh“.
Es blieb erstarrt nun stehen
und wollte erst mal sehen,
was es da so erschreckt hatte.
Jedenfalls war's nicht die Ratte,
nach der es eigentlich gesucht hatte.

Im Käfig ein kleines Häschen, dunkelbraun,
dem nichts anderes einfiel, als Heu durchzukau´n.
Zwischendurch wollte es dann doch mal raus,
doch nach 15 Minuten war aus die Maus.
Freiwillig ist es nicht gegangen,
ich musste es schon selbst einfangen.
Als ich es geschafft hatte,
rannte es im Käfig herum wie eine wilde Ratte.
Es sprang gegen die Käfigwände,
doch irgendwann war's dann doch zu Ende.
Ins Heu kuschelte es sich hinein
und endlich konnte ich sagen: So ist's fein.

Die Kirchenmäuse

VON ELENA FICKERS
12 Jahre alt, aus Honsfeld in Belgien

Es heißt, in der Kirche des kleinen Dörfchens Mineslaf gäbe es Mäuse. Manchmal, wenn man in die Kirche geht und ganz genau hinhört, kann man die Mäuse hören. Genau vor einer Woche, es war ein Sonntag, da war Messe. Es waren viele Leute gekommen. Der Priester hielt gerade seine Predigt: „Jesus brach das Brot, für seine Freu…“ Rrrrrrr. Die Leute erschraken fürchterlich. Was war das gewesen?

Der Priester wollte den Leuten sagen, dass sie sich nicht aufregen sollten, doch da hörte man es wieder, dieses Schaben und Knacken. Alle Leute liefen schreiend die Kirche hinaus. „Das war bestimmt ein Geist!“, schrie der eine und der andere meinte: „Oder ein Kobold.“ Doch sie hatten alle nicht Recht. Es waren die Mäuse! Die Kirchenmäuse.

Es war eine richtige Familie geworden, in den ganzen Jahren. Das jüngste Familienmitglied hatte erst gerade laufen gelernt und erkundete einfach alles. Oft hatte die Mutter es gewarnt, nie in die Kirche zu laufen, wenn viele Leute da waren. Doch es hatte nicht gehört. So schön waren die Klänge der Orgel. Leona, so heiβt das Jüngste, hatte etwas glitzern sehen. Direkt war sie darauf zugelaufen und hatte es beschnuppert, sie fand es lustig und fing an daran zu knabbern.

Sie quiekte freudig, es machte Spaß daran rum zu knabbern. Doch plötzlich fingen die Leute an zu schreien. Leona rannte, rannte um ihr Leben, denn wenn sie nur von einem dieser großen Füße getroffen würde, wäre sie tot.

Sie lief, sie war nur noch einen Meter von dem Loch entfernt. Das Loch! Wo sie hineinkriechen konnte und in der Eingangshalle ihres zu Hause stand. Und dann würde sie alles ihren großen Geschwistern erzählen! Die würden staunen! Doch noch ist sie nicht da! Noch ein Stückchen! Geschafft!

Ihre Geschwister machten wirklich große Augen, als sie am Abend alles erzählte. Sie hatten gerade zu Abend gegessen. Jetzt saßen sie zu Zehnt in ihrem Zimmer. Ja! Sie sind zu Zehnt.

Edwin, der älteste, Edgar, sein Zwillingsbruder war eine Minute später auf die Welt gekommen, Susi, ist ein sehr fleißiges Mädchen und hilft ihrer Mutter gerne bei der Arbeit, Sebastian spielt gerne Fußball, er hat auch schon viele Pokale gewonnen, Sascha malt gerne, er ist der Künstler in der Familie, Melanie spielt Gitarre, Hündin Melodie singt dann schon immer mit, Kasper, dieser Name passt zu ihm, denn er ist immer lustig, Vanessa, sie liebt Mausvolleyball, keiner hat eine Chance, sogar nicht Vater Franz und Mutter Gisela, Kerstin ist ein Ass in der Schule und die Kleinste in der ganzen Familie ist Leona.

Wie ihr schon gehört habt, hat die Familie eine Hündin, ja, es ist schon komisch, dass eine Mausfamilie einen Hund hat, aber Melodie ist so klein, das niemand sie haben wollte. Sie wurde einfach fortgeschickt. Sie fand den Weg zu der großen Mausfamilie und durfte dort bleiben.

Melodie saß jetzt auch bei den Kindern und hatte den Kopf an Sebastians Schulter gelegt.

Es klopfte an der Haustür. Wer kam denn so spät abends noch? Mutter Gisela öffnete die Tür. Der Hauptmäusekommissar stand in der Tür. „Herr Kirchenmaus, Sie sind festgenommen wegen Verdacht auf Diebstahl! Sie haben die Krone der Majestät gestohlen!“ „Was?“, Vater Franz war entsetzt. Er hatte doch nichts gestohlen. Doch schon wurde er abgeführt.

Und schon am nächsten Morgen stand es in allen Zeitungen:

Mausevater stiehlt Krone der Königin.

Sie wollten es herausfinden: Wo ist die Krone und wer hat sie gestohlen? Kurz danach brach der Rest der Mausefamilie auf, um das herauszufinden. Sie gingen durch die ganze Stadt, um die anderen Mäuse zu befragen, doch keiner wusste etwas.

Erschöpft und durstig ging die Familie in ein Geschäft, um sich etwas zu trinken zu kaufen. Voll bepackt gingen sie an die Kasse. Und dann hörten sie es. „Hey Willi, wenn wir erst einmal die Krone verkauft haben, dann sind wir reich. Dann brauchen wir nicht mehr zu sparen.“

Kerstin hörte es zuerst und stieß ihre Mutter an den Arm: „Mama, hast du das auch gehört?“ Ein kurzes Nicken reichte als Antwort. Nachdem sie bezahlt hatten, folgten sie den beiden Männern. „Wie die Detektive“, kicherte Kasper.

Nach einer Stunde Verfolgung waren alle müde, doch sie gingen weiter und nach fünf Minuten kamen sie an eine Höhle. Die beiden Männer gingen hinein. Mutter Gisela und die Zwillinge Edwin und Edgar folgten ihnen, die andere wachten draußen.

Die drei folgten den Männern tief in die Höhle hinein, als sie plötzlich stehen blieben. Mutter Gisela, Edwin und Edgar trauten ihren Augen nicht! Gold, Juwelen, alles auf einen Berg gehäuft und ganz oben drauf die Krone der Königin.

Leise schlichen sie wieder zurück, doch plötzlich knackte es, Edgar war auf einen Ast getreten! Hatten die Räuber etwas gehört? Nein, zum Glück nicht. Endlich kamen sie draußen an und riefen sofort die Polizei. Bald darauf wurden die zwei Bösewichte in Handschellen abgeführt. Vater Franz wurde freigelassen.

Alles ist wieder in bester Ordnung. Und wenn ihr nächstes Mal in eine Kirche geht, hört mal genau hin, vielleicht hört ihr ja die Kirchenmäuse.

Lilli und der weiße Schimmel

Von Michelle Renée Gille
9 Jahre alt, aus Wipperfürth-Wipperfeld in Deutschland

1. Lilli wünscht sich ein Pferd: Hallo, ich heiße Lilli und ich bin ein echter Pferdenarr! Ich liebe Pferde über alles und wünsche mir, wie jedes andere Mädchen auch, sehnlichst ein Pferd. Ich gehe zwar einmal die Woche auf den Reiterhof Lindenhöhe, wo ich das Reitschulpferd Cindy reite, aber das ist nicht dasselbe wie ein eigenes Pferd zu haben. Meine Freundin Anna-Lisa hat ein eigenes Pferd. Goldie heißt es, es ist ein Welsch-Pony. Anna-Lisa lässt mich oft auf Goldie reiten.

Deswegen weiß ich genau, wie man absattelt und alles andere macht. Auch genau deswegen meine ich, dass ich auch ein Pferd haben könnte. Immer und immer wieder versuche ich, meine Eltern zu überreden, mir auch ein Pferd zu kaufen. Aber sie sagen immer: „Nein, erst wenn du richtig reiten kannst!“ Und meine Reitlehrerin Amelie sagt: „Bald kannst du zu den Fortgeschrittenen aufsteigen, und das heißt, dass ich endlich richtig reiten kann!“

2. Der Schimmel Pino: Als ich in dieser Woche im Stall war, guckte ich als erstes auf der großen Tafel nach, welches Pferd ich reiten würde. „PINO“ stand in großen Buchstaben neben meinem Namen. „Auch das noch“, murmelte ich leise vor mich hin. Ich bin noch nie auf einem anderen Pferd geritten.

Immer bin ich auf Cindy geritten. Ich konnte mit ihr alle Bahnfiguren reiten, traben und auch galoppieren. Was ist, wenn dieser Pino böse und ungezogen war? Auf der Tafel stand, dass wir die Pferde nicht fertig machen müssen. Wir sollten direkt zur Reithalle kommen. Wahrscheinlich wurden Pino und die anderen Pferde vorher schon geritten. Als ich an der Reithalle ankam, waren meine Freundinnen Lea, Anna-Lisa, Linda und Anne schon da. Sie schauten auf einen kleinen Schimmel, der so toll galoppierte. Sein Galopp war weich und er buckelte nicht, wie die meisten anderen Pferde.

Lea murmelte: „Pino galoppiert wunderschön! Hat Lilli ein Glück, sie darf ihn reiten!“ Anna-Lena bemerkte mich und sagte: „Du Glückspilz! Du darfst Pino reiten. Ist er nicht wunderschön?“ Das war er, da stimmte ich ihr zu. Pino hatte schneeweißes Fell und einen vanillefarbenen Schweif. Auch seine Mähne war vanillefarben, der Schopf hatte dieselbe Farbe wie Schweif und Mähne. Er reichte ihm bis über die Augen. „Er sieht wunderschön auf“, sagte ich leise. „Ja, wunderschön“, sagte Amelie, die gerade kam, „und du darfst ihn reiten! Er ist ein bisschen kleiner als Cindy.“

Als ich im Sattel war, merkte ich, dass Pino kleiner war als Cindy, aber das war mir egal. Ich versuchte direkt im Schritt alle Bahnfiguren zu reiten. Pino machte es besser als Cindy und die hatte es schon immer toll gemacht. Auch in Trab und Galopp war Pino allererste Sahne. Ich war fast ein bisschen traurig, als die Reitstunde zu Ende war. Amelie sagte: „Du bist ihn besser geritten als alle anderen. Willst du nächste Woche wieder auf Pino reiten?“ „Ja“, schrie ich voller Freude. „Ganz bestimmt!“

3. Schreck um Pino: Als ich in der nächsten Woche zum Reitstall fuhr und zu Pinos Box lief, erschrak ich mich fürchterlich. Vor der Box kniete Tierarzt Dr. Krebs. Hinter ihm stand Amelie. Ich fragte leise: „Was ist passiert?“ Amelie antwortete: „Er hat sich beim Spielen den Knöchel verstaucht. Dr. Krebs weiß nicht, ob alles wieder so verheilt, so dass Pino wieder geritten werden kann.“

Ich wusste, was das hieß. Wenn Pino nicht mehr geritten werden konnte, würde er wahrscheinlich eingeschläfert werden. Mir stiegen Tränen in die Augen. Da meldete sich Dr. Krebs zu Wort: „Ich habe ihm jetzt eine Spritze gegeben.“ Er redete noch mit Amelie weiter. In der Zeit ging ich zu Pino. Ganz müde sah er aus. Ich streichelte seine weichen Nüstern und sagte zu ihm: „Alles wird gut. Ich kümmere mich um dich, versprochen.“ Ich drückte meine Kopf in Pinos lange Mähne und flüsterte noch mal: „Alles wird gut!“

Da kam Amelie um die Ecke. „Kannst du dich um Pino kümmern? Ich habe nicht soviel Zeit, einmal die Woche den Verband zu wechseln und alles andere zu machen.“

Ich nickte stumm. Ich wusste, dass es nicht der richtige Augenblick war, vor Freude zu schreien. Amelie erklärte mir alles und so fuhr ich einmal oder sogar mehrmals die Woche zu Pino. Ich wurde sozusagen seine Privatkrankenschwester. Pino freute sich immer, wenn ich kam.

So vergingen die Wochen rasch und Pino konnte bald wieder laufen und mit seinen Freunden herumtollen.

Einmal sagte Amelie zu mir: „Du hast Pino die beste Medizin gegeben, sie heißt LP. Weißt du, was das ist?“ Ich nickte: „Liebevolle Pflege!“

4. Leas Verdacht: Als ich an diesem Tag zu Reitstunde fuhr, guckte ich, welches Pferd ich reiten würde. Mir wurde etwas schlecht: Heute sollte ich Pino das erste Mal nach seinem Unfall wieder reiten. Aber was war das!

Neben meinem Namen stand nicht Pino, sondern Cindy. Hatte Amelie mich angelogen? Sie hatte mir fest versprochen, dass ich Pino diese Woche reiten kann. War etwa wieder etwas passiert? Schnell lief ich zu Pinos Box, aber dort stand ein kleiner Rappe. „Little Boy" stand auf der Box.

Wie der Blitz rannte ich durch den Stall, aber nirgendwo stand Pino. Langsam musste ich Cindy fertigmachen. Ich schlich zu ihrer Box, sattelte sie und ging mit ihr zur Reithalle. Heute konnte ich mich gar nicht konzentrieren. Statt Volte ritt ich einen Zirkel. Statt Schlangenlinie wechselte ich durch die ganze Bahn. Nach der Reitstunde wollte ich Amelie fragen, was mit Pino war.

Aber ich fand sie nicht. Als ich gerade auf den Parkplatz rannte, sah ich gerade noch, wie Amelie in einem Pferdetransporter wegfuhr. Ich ahnte, welches Pferd im Transporter war: Pino. Tränenblind lief ich zum Reiterstübchen, um mir eine kalte Cola zu besorgen. Als ich vor der Tür stand, wischte ich die Tränen schnell mit dem Handrücken weg und trat ein. Lena sagte zu mir: „Ich habe gesehen, wer Pino mitgenommen hat!" „Wer", fragte ich. „Eine Frau, ich kannte sie nicht", antwortete Lea.

Stumm ging ich hinaus. Ich hatte keinen Durst mehr. Ich hörte nicht, dass Lea zu Anne sagte: „Die Frau war Lillis Mutter. Ich glaube, es sollte ein Geheimnis bleiben. Deswegen habe ich ein bisschen gelogen." „Das war richtig, Lea", flüsterte Anne.

5. Pino, mein Pony: Als ich endlich mit dem Fahrrad nach Hause fuhr, kam mir auf der Hauptstraße Amelie mit dem Transporter entgegen. Ich dachte mir aber nichts dabei. Ich bog in den Lilienweg ein.

Dort gab es viele Bauernhöfe, in einem davon wohnten wir. Es war ein sehr altes Bauernhaus mit Strohdach. Drum herum gab es viele Weiden, die voll von unseren Milchkühen waren. Aber eine Weide war noch frei. Sie wäre bestens für ein Pferd geeignet und auf dieser Weide stand – ich glaubte es nicht: PINO.

Ich schmiss mein Fahrrad in eine Ecke, sprang über den Zaun und rannte zu ihm.

Meine Eltern beobachteten das alles durchs Küchenfenster. Nachdem ich Pino begrüßt hatte, lief ich freudestrahlend zur ihnen und umarmte sie. Mama sagte: „Wie wäre es, wenn du mit ihm ausreitest?“, und gab mir Pinos Sattelzeug.

Und so machte mich Pino zum glücklichsten Mädchen auf der Welt!

Timon zieht um

Von Roxana Kern
12 Jahre alt, aus Lima in Peru

„Was soll das heißen?" Das ist Jana, sie ist zwölf Jahre alt. Sie wohnt in der Schweiz. Sie ist blond und hat grüne Augen. „Liebling, du weißt, dass es Papa schlecht auf der Arbeit geht. Wir brauchen Geld, dazu müssen wir das Haus verkaufen. Wir werden dann einige Zeit bei Oma wohnen. Es tut mir echt leid, aber das muss gemacht werden." „Aber was ist dann mit Moritz? Oma hat keinen Garten und noch schlimmer, sie ist gegen Hunde allergisch!"

„Ach hör jetzt auf Jana, wir haben es schon entschieden. Moritz wird ins Tierheim gebracht. Da wird er schön gefüttert, und einen Garten gibt es auch." Doch Jana ist damit nicht einverstanden. Wie soll bloß ihr Moritz in so einem Tierheim allein überleben? Nein, Jana wird das nicht zulassen. Es wird ihr etwas einfallen, um das zu verhindern. Als sie auf ihrem Bett liegt, kommt Moritz zu ihr ins Bett. Jana streichelt ihm sanft über sein Fell.

Gleich am nächsten Tag fällt Jana etwas ein: In der Schule will Janas Klasse ein Projekt machen. Die Klasse will ein Tier adoptieren und zeigen, wie gut Kinder Tiere pflegen können. Jana könnte dann Moritz mit in die Schule nehmen und ihn den Mitschülern zeigen. Wenn die Kinder, die Klassenlehrerin und der Direktor damit einverstanden wären, würde Moritz in der Schule bleiben wie abgesprochen! So könnte Jana jeden Tag Moritz in der Schule sehen! Das ist so eine tolle Idee!

Alle waren damit zum Glück auch einverstanden. Sogar Janas Eltern gaben zu, dass dieses Tierheim nicht die beste Idee gewesen sei. Gleich am Montag würde Moritz in die Schule umziehen. Im Schulgelände gibt es auch viele Gärten, wo Moritz ruhig toben kann.

Doch noch besser ist es zu wissen, dass Moritz nie das Tierheim besuchen wird.

Tragik

Von Patricia Krämer
15 Jahre alt, aus Ravensburg in Deutschland

Ein Fröschlein hüpft,
ein Hahn der wirbt,
ein Küken schlüpft,
die Henne stirbt.
Das Küken schluchzt,
der Hahn, er lacht,
die Magd sie juchzt,
das Beil, es kracht.
Die Katze murrt,
der Braten brät,
der Magen knurrt,
die Hausfrau näht.
Die Nadel piekt,
der Hausfrau Groll,
die Katze siegt,
der Magen voll.

Der Tiger Tigerlilli

Von Anja Popp
11 Jahre alt, aus Aalen in Deutschland

Hi! Ich bin es. Lisa. Mein Vater besitzt einen Zoo. Aber nur einen kleinen. Am Anfang dachte ich ja immer, das sei Tierquälerei, aber jetzt weiß ich es besser: Der Zoo ist nicht nur dazu da, dass wilde Tiere gefangen gehalten werden und alle Leute sie angucken können, sondern auch, weil viele Tiere vom Aussterben bedroht sind.

Der Schimpanse, der große Ameisenbär und eben der Königstiger zum Beispiel. Diesen Tieren will der Zoo helfen. Wir bekommen Tiere (vor allem eben Tiere der roten Liste) geliefert. Wir haben sogar ein eigenes Safari-Team, das wilde Tiere wieder freilässt. Leider kommt es sehr selten zum Einsatz, denn wir haben eben doch nur einen kleinen Zoo. Außerdem muss man ja erst mal genügend Tiere dieser Art haben, und das betreffende Tier lang, aufwändig und gut auf die Wildnis vorbereiten, denn sonst nützt der ganze Aufwand gar nichts und das Tier stirbt, womit der Natur auch nicht geholfen ist.

Um die Tiere, die wir bekommen, kümmern wir uns dann. In erster Linie versuchen wir natürlich eine artgerechte Haltung mit möglichst natürlicher Umgebung und großem Freigehege auf die Beine zu stellen. Aber es bleibt eben immer, auch bei ewiger Anstrengung, ein gewaltiger Unterschied zwischen der Natur und dem Zoo. Nun wollen wir aber ja verhindern, dass diese Tiere aussterben. Daher versuchen wir die Tiere zu paaren. Das klingt zwar einfach, ist es aber gar nicht, denn nicht jedes Tier lässt sich mit jedem Tier paaren. Es gehört immer ein bisschen Glück, viel Geduld und eine Menge Tierwissen dazu.

Mein Lieblingstier ist der Tiger Tigerlilli, der im Raubtierhaus wohnt, doch halt, ich bin schon mitten drin in der Geschichte. Also, schön von vorn und der Reihe nach.

Eines Tages, es war der letzte Schultag vor den großen Ferien, saßen wir alle (mit „wir alle“ sind Mama und Papa, mein großer, nerviger Bruder Kai, der gerade 14 geworden ist, und ich gemeint) im Schlafanzug am Frühstückstisch und aßen, als das Telefon klingelte. Ich und Kai sprangen gleichzeitig auf, um es zu holen. Doch ich war schneller beim Telefon als er, da Kai erst einmal um den ganzen Tisch herumlaufen musste. Triumphierend kam ich mit dem Telefon zurück und grinste Kai frech an. Er zog eine Grimasse, während ich Papa das Telefon gab und mich zurück in den Stuhl plumpsen ließ.

„Hier Thomas Kurz“, meldete er sich, und stellte das Telefon auf laut, damit wir alle mithören konnten. „Hallo“, sagte eine hörbar aufgeregte Stimme. „Hier spricht Tierpfleger Herrmann. Ich bin die ganze Nacht bei der Tigerdame Katze gewesen wegen der Tigerbabys. Sie sind da! Der Tierarzt meint, sie sind gesund! Komm bitte schnell!“

„Wirklich? Das ist ja super! Die ersten Tigerbabys in diesem Zoo! Das ist ein echter Erfolg! Ich komme sofort! Bis dann!“ „Ja, ich bin ganz deiner Meinung! Tschüs!“

„Die Tigerbabys ist da“, fragte ich kaum als mein Vater aufgelegt hatte.

„Ja! Und wenn ihr euch beeilt, nehme ich euch mit in den Zoo“, sagte Papa, selbst ganz aus dem

Häuschen. Und wie wir uns beeilten! Ich glaube ich habe mich noch nie so schnell angezogen, als mir plötzlich einfiel, dass wir ja noch Schule hatten! „Papa“, schrie ich durchs ganze Haus. „Was ist mit der Schule?“ „Am letzten Schultag lernt man doch eh nichts mehr. Mama schreibt euch eine Entschuldigung.“

Da freute ich mich noch mehr, denn wann darf man schon so ganz ohne Krankheit Schule schwänzen? Schließlich stiegen Papa, Kai und ich ins Auto. Mama wollte zu Hause bleiben und bügeln. Ein armseliges Leben hat man so als Mutter! Den ganzen Tag nichts als Arbeit. Das ist der Grund, warum ich noch nicht genau weiß, ob ich mal Kinder haben möchte.

Papa fuhr viel zu schnell. Das war ein Zeichen dafür, dass er aufgeregt war. Bei Dunkelgelb raste er unter einer Ampel durch. „Papa, wenn du so weiter fährst und man dich blitzt, bist du deinen Führerschein los“, sagte Kai und kaute nervös auf seinen Fingernägeln herum. Das tat er sonst schon lange nicht mehr.

Als wir endlich, nach Stunden, so kam es mir vor, im Zoo vor dem Raubtierhaus standen, hörten wir aufgeregtes Getuschel. Papa fuhr sich durch´s Haar, atmete tief durch, rückte sich die Krawatte zurecht und trat ein. Kai und ich kamen etwas langsamer hinterher. Wir mussten kaum fünf Schritte machen, da sahen wir sie schon: vier kleine Tiger. Sie hatten ein kuscheliges Fell, das schon gestreift war. Die Tür in dem Gitter, das die Absperrung zwischen den Käfigen der Raubtiere und dem Gang bildete, auf dem tagein, tagaus die Zoobesucher entlang spazierten und die Tiere anglotzten, war nur angelehnt, und ehe Papa uns aufhalten konnte, schlüpften Kai und ich durch die Tür. Drinnen waren einige Tierpfleger, unter anderem auch Tierpfleger Herrmann, der uns die frohe Botschaft gebracht hatte, und der Tierarzt. „Guten Tag, Herr Kurz. Die Tigerbabys sind alle gesund. Gerade habe ich Katze untersucht. Auch sie ist wohlauf." Papa begutachtete die Kleinen und folgte schließlich dem Tierarzt und zwei weiteren Tierpflegern ins Büro.

Jetzt waren nur noch Kai, Tierpfleger Herrmann und ich im Raubtierhaus. Wir konnten die Tiger, die, wie mir erst jetzt auffiel, in einen extra Käfig gebracht worden waren, streicheln und mit ihnen spielen wie mit jungen Katzen, da die stolze Mutter Katze noch von der Narkose und von der Untersuchung betäubt war. „Wenn ihr wollt, könnt ihr ihnen Namen geben", sagte Tierpfleger Herrmann. „Sonst tut es ja keiner, und es heißt ja, dass Kinder soviel Fantasie haben." „Au ja!", riefen wir wie aus einem Mund. „Der große da, der die ganze Zeit herum brummt, soll Darth Vader heißen", brüllte Kai vor Begeisterung.

„Auf so eine dumme Idee kannst auch nur du kommen", meinte ich vorwurfsvoll. „Außerdem ist das ein Mädchen", brummte Tierpfleger Herrmann und musste grinsen. „Dann soll sie Tigerlilli heißen", sagte ich bestimmt. „Na, gut", gab Kai nach. „Aber ein Junge soll Darth Vader heißen!" So gaben wir allen Tigerbabys Namen. Am Ende hießen sie (es waren übrigens drei Männchen und ein Weibchen): Tigerlilli, Harry Potter, Darth Vader und Kater (Kommentar von Kai zu diesem Namen: „Wie langweilig, so was können sich auch nur Mädchen wie du ausdenken!") Mein Lieblingstiger ist seitdem Tigerlilli. Und ich bin die einzige, von der sie sich widerstandslos streicheln lässt.

Mein Leben im Rudel

Von Bruno Summerer
13 Jahre alt, aus Kempten/Allgäu in Deutschland

Die Vögel zwitschern und ich liege ausgestreckt im weichen Gras, es ist lange nach der Zeit mit den weißen Flocken. Ich genieße die Wärme auf meinem schwarzen Fell. Vor mir zieht sich eine lange Straße aus kleinen krabbelnden Wesen. Ich beobachte sie angestrengt und frage mich, was sie da treiben.

Dann wird es mir zu langweilig und ich schnappe nach den schwarzen Tierchen. Ich verschlinge eines, obwohl mich ihr Geschmack nicht überzeugt. Das Geräusch von Schritten lenkt mich von meiner Beschäftigung ab. Eines meiner Geschwister tritt aus dem Haus. Dem Geruch nach ist es Sarah, so nennt sie zumindest der Rest meines Rudels. Sie ist sehr groß und wie meine ganze restliche Familie verkrüppelt. Ich bin der einzige, der von der Missgestaltung verschont worden ist. Ihr Aussehen ruft in mir immer wieder Mitleid hervor.

Meine Geschwister und Eltern besitzen nur zwei Beine und sind somit gezwungen, aufrecht zu gehen. Ihr Fell ist zu einem kleinen Büschel auf dem Kopf verkümmert und sie müssen ihre Gefühle mit den Lefzen ausdrücken, da sie keinen Schwanz haben.

Sarah kommt lächelnd auf mich zu. Ich verstehe, warum sie glücklich ist. Unser Vater, der Rudelführer, ist erst vor kurzem mit reicher Beute wiedergekommen. Deshalb haben wir alle genug zu fressen. Noch dazu erwartet meine Mutter einen neuen Wurf. Meine Familie hat sich in einer Abstimmung, in der ich anscheinend nicht anwesend war, dafür ausgesprochen, dass der Welpe Timo heißen soll.

Es gibt also reichlich Gründe, glücklich zu sein. Sarah setzt sich neben mich ins Gras und beginnt mich zu streicheln. Ihre Hand berührt sanft mein heißes Fell. Ich lege meinen Kopf in ihren Schoß. Sie murmelt etwas in ihrer seltsamen Sprache. Nach einiger Zeit steht sie wieder auf und geht. Ich hebe den Kopf und sehe mitleidig mit an, wie sie auf ihren zwei Beinen ins Haus stolpert.

Ich liege noch eine Weile im Gras, bis ich plötzlich hochschrecke, weil mein kleiner Bruder Leo meinen Namen ruft. Obwohl er nur ein paar Jahre älter ist als ich, überragt er mich bereits weit. Er legt mir dieses seltsame Band aus Stoff um den Hals. Das kann nur bedeuten, dass er mit mir Gassi gehen will. Immer wenn ich es mir gerade im Gras gemütlich gemacht habe, will er unbedingt mit mir losziehen und nach unserem Revier sehen. Widerwillig stehe ich auf.

Auch Sahara und meine Mutter treten aus unserem Bau. Ich wedle freudig mit dem Schwanz, denn wenn wir als Rudel umherstreifen, ist das am schönsten. Meine Mutter geht zu einer Höhle, die etwas abseits steht. Dort lebt ein Zauberwesen, das mein Rudel manchmal an die seltsamsten Orte bringt. Plötzlich gibt es einen furchtbaren Lärm und die Kreatur kommt aus ihrer Höhle.

Ich und meine Geschwister steigen in den Bauch des Wesens, der an den Seiten durchsichtig ist. Plötzlich merke ich, wie die Landschaft draußen mit unglaublicher Geschwindigkeit an mir vorüber fliegt, doch ich spüre keinen Luftzug. Das Zauberwesen kommt schließlich auf einer Lichtung im Wald zum Stehen. Um uns herum steht eine ganze Herde dieser magischen Kreaturen und alle scheinen zu schlafen.

Plötzlich öffnet sich vor mir ein Spalt, und ich springe nach draußen. Ich wittere den Geruch von Gräsern, Bäumen und Laub. Auf einmal höre ich ein Rascheln und sehe gerade noch ein kleines Geschöpf im Unterholz verschwinden. Ich renne ihm hinterher, um es zu fangen. Ich laufe immer weiter bis ich die Fährte verliere und stehen bleibe. Irgendwo hinter mir vernehme ich Sarahs Stimme, die nach mir ruft.

Nach einer Weile holen mich Leo, Sarah und meine Mutter endlich ein. Sie sprechen mit mir, aber obwohl ich mal wieder nichts verstehe, verrät ihr Tonfall, dass ich etwas falsch gemacht habe. Ich senke beschämt den Kopf. Da spüre ich, wie Sarah mich an einem Band festmacht. Das andere Ende hält sie in der Hand.

Das ist mein Lieblingsspiel. Immer wenn sie an dem Stück Stoff zieht, muss ich dagegenhalten, bis ich mich losgerissen habe. Mit einem Ruck befreie ich mich und lasse ein triumphierendes Bellen ertönen. Nach meinem Sieg in diesem Spiel ist Sarah beleidigt und das Zauberwesen bringt uns wieder nach Hause. Ich finde, meine Schwester ist keine gute Verliererin.

Nachdem wir zu Hause angekommen sind, liege ich die meiste Zeit im Gras vor unserem Bau und belle alle an, die meinem Revier zu nahe kommen. Mein Bruder ist mit einem runden Gegenstand auf eine große Wiese gegangen, und Sarah ist zusammen mit meiner Mutter in meinem Zuhause verschwunden, nur mich haben sie als Bewacher zurückgelassen.

Schon bald übermannt mich die Müdigkeit und ich schlafe ein. Als ich erwache, bemerke ich als erstes, dass das große Feuer am Himmel schon fast erloschen ist. Ich stehe auf und beeile mich in die Sicherheit meines Baues zu kommen.

Dort sitzt bereits der Rest meiner Familie an einem komischen Holzgestell. Vor ihnen stehen seltsame runde Näpfe, auf denen Fressen liegt. Wegen ihrer verkrüppelten Vorderpfoten müssen sie kurze glänzende Stöcke zu Hilfe nehmen.

Ich trabe zu meinem Körbchen - und schlafe mit einem letzen mitleidigen Blick auf mein Rudel ein.

Hochmut tut selten gut

VON HANNA KURZ
10 Jahre alt, aus Albstadt in Deutschland

Ein Pfau stolzierte über eine Lichtung und traf auf eine schmatzende Kuh. „Welche schlechten Manieren du doch hast“, sagte der Pfau herablassend. „Du kaust mit offenem Mund, du bist von oben bis unten mit Schlamm beschmiert und die Fliegen lieben dich nur wegen deines Gestanks“, spottete der Pfau. „Mag sein“, antwortete die Kuh kauend.

„Du trampelst über die Wiese und lässt deine Kuhfladen überall fallen und dein Fell hat nur langweilige Farben“, sprach der Pfau weiter. „Mag sein“, sagte die Kuh wieder.

„Schau, meine meerblauen Federn, sie glänzen in der Sonne wie Saphire.“ „Mag sein“, antwortete die Kuh. Durch die Gleichgültigkeit motiviert, quasselte der Pfau weiter.

„Gott hat mich wegen meiner Schönheit zum König gemacht und alle Menschen bewundern mich wegen meines Aussehens“. „Mag sein“, wiederholte die Kuh.

„Mein Gang gleicht dem eines Balletttänzers“, prahlte der Pfau. „Mag sein“, entgegnete die Kuh immer noch gelangweilt, „aber ich verstehe nicht, warum wir uns so lange über deinen Hochmut unterhalten, dies ist keine Eigenschaft über die man ein Wort verlieren sollte. Hochmut kommt vor dem Fall“, beendete sie das Gespräch und trampelte kauend davon.

Die schwarze Brieftaube

Von Lara Lingens
14 Jahre alt, aus Kleve in Deutschland

Die dicken Nebelschwaden über der Stadt Kleve hingen an diesem dunklen verregneten Sonntag tief und der Wind pfiff eisig durch die engen Gassen. Die Leute hasteten mit hochgeschlagenen Mantelkragen und ihren Hüten tief ins Gesicht gezogen durch die Straßen. Nirgendwo blieb man stehen, um mal ein Pläuschchen zu halten. Alle hatten es eilig nach Hause zu kommen. Auch Jonathan hatte keine Lust, vom nächsten Regenschauer überrascht zu werden und beieilte sich nach Hause zu kommen. Doch vor der großen Kreuzung, die bei diesem Wetter menschenleer war, blieb er einen Moment stehen. Bildete er sich das nur ein oder saß dort auf der anderen Straßenseite... Aber nein, es war schon spät und wurde langsam dunkel, wahrscheinlich hatte er sich verguckt. Außerdem musste er sich beieilen, wenn er vor dem Dunkelwerden nach Hause kommen wollte. Und das wollte er, denn in der letzten Zeit hatte man sich überall im Dorf zwielichtige Geschichten erzählt. In diesen Geschichten hieß es, dass seit einiger Zeit ein Wesen durch die Stadt geisterte und Menschen, die es wagten, nachts alleine durch die Gassen zu laufen, angriff. Man flüsterte einander zu, dass jeder, der von diesem Wesen angegriffen werden sollte, kurz vorher von seinem Vorboten gewarnt wurde. Keiner wusste genau, was das für ein Vorbote sein sollte, doch man munkelte es, wäre eine schwarze Brieftaube. Natürlich waren das alles nur Geschichten, und er selber hatte heute

Morgen in der Schule noch über solche „albernen Horror-Storys“ hergezogen. Und dennoch...

Jetzt wo er so alleine auf dieser verlassenen dämmrigen Straße stand, stieg doch ein leichtes Gefühl der Panik in ihm hoch. Er hatte plötzlich den großen Wunsch, einfach nur los zu rennen, nach Hause. Doch gleichzeitig wusste er, dass sich seine Angst dann in grenzenlose Panik verwandeln würde. Er überquerte die Straße, stark darauf konzentriert, sich nicht umzudrehen. Und dann sah er sie. Sie saß genau vor seinem linken Fuß und sah ihn aus ihren tiefen, schwarzen Augen heraus an. Ihr ganzer Körper war besetzt mit schwarzen, makellosen Federn und an dem Fuß der schwarzen Brieftaube war ein kleiner, grauer Zettel. Jonathan stand wie geschockt da. Doch er konnte nicht rennen. Seine Beine gehorchten ihm nicht. Ein Gefühl von Panik ergriff ihn. Der Schweiß brach ihm aus. Plötzlich war ihm heiß in seiner dünnen Jacke. Er könnte kaum einen klaren Gedanken fassen. Was sollte er tun. Schreien?! Ausgeschlossen, hier würde ihn niemand hören. Er riss sich zusammen. Denk nach Jonathan. Bloß nicht in Panik ausbrechen. Doch er spürte, wie seine Gedanken versiebten und die Angst in ihm hoch stieg und ihren Platz einnahm. Dann schoss es ihm wie ein Blitz durch den Kopf. Die Idee war so schnell gekommen, dass er nicht darüber nachdachte. Er entschied blitzschnell, und rannte einfach los. Er rannte, und der Schweiß rann ihm von der Stirn. In seiner Jacke wurde ihm heißer denn je. Von der Panik getrieben rannte er so schnell wie er seinen Lebtag noch nicht gerannte war. Der Gedanke, den Zettel, der die Vorwarnung enthalten sollte, einfach nicht zu lesen, hatte ihn ergriffen. Wenn er die Vorwarnung einfach ignorieren würde ... vielleicht würde dann auch das Wesen nicht erscheinen. Aber er hatte keine Zeit, noch weiter darüber nachzudenken. Sein Atem brannte in seiner Kehle und er hatte das Gefühl, ein Feuer würde in ihm lodern. Der Schweiß rann ihm in die Augen und brannte, als er plötzlich abrupt stehen blieb. Er war sich plötzlich sicher, dass sich hinter ihm etwas bewegt hatte.

Irgendetwas war da hinter ihm. Langsam, ganz langsam und zitternd drehte er sich um. Sein Atem stieg stoßweise vor seinen Augen in einer dicken weißen Dunstschwaden auf. Doch zwischen zwei verdunstenden Schwaden sah er ihn. Er glänzte silbrig im Schein des Mondes und strahlte eine Kraft aus, wie Jonathan es nicht in seinen kühnsten Träumen zu wagen geglaubt hätte. Seine langen majestätischen Zähne leuchteten in der tiefen Schwärze, die sich inzwischen ausgebreitet hatte. Auf seinen Krallen besetzten Pranken glänzte Blut. Sein Körper wirkte unglaublich ästhetisch.

Und als seine Augen Jonathans trafen, legte sich der kalte Wind, der den ganzen Tag geweht hatte. Einige Zentimeter über dem Boden schwebe vor ihm ein Geist in Form eines Säbelzahntigers. Mit einem Mal spürte Jonathan wieder die Panik in sich aufsteigen, die er schon vorhin an der Kreuzung gespürt hatte. Alle Hoffnungen, die er sich gemacht hatte, das Wesen würde nicht auftauchen, wenn er nur die Vorwarnung nicht lesen würde, waren wie weggeblasen. Seine Knie versagten und das Bild vor seinen Augen verschwamm als ihm die Angsttränen aufstiegen. Zitternd wie ein Häufchen Elend kniete er dort vor dem Tiger auf dem Boden als dieser Seine Stimme erhob. Die war tief und gebieterisch. „Ich bin Ramses. Möglicherweise hörtest du vor einigen Tagen schon von mir. Nun bin ich hier, um dich umzubringen. Aber glaube nicht, ich würde dich einfach nur töten ... nein! Hahaha“, und sein Lachen klang kalt und höhnisch, dass es Jonathan schauderte. „Ich werde dich eliminieren.“ Jonathan brachte vor Angst kaum einen Laut hervor. „Aber warum ich?“, krächzte er. „Ich bestimme nicht, wen ich eliminiere. Ich habe die ehrenvolle Aufgabe, der schwarzen Taube zu dienen. Wen sie mit ihren Briefen warnt, wie sie auch bereits dich gewarnt hat, den eliminiere ich für immer aus dieser Welt. Sie erteilte mir das Können dazu und daher bete ich sie an.“ Und wieder folgte dieses grausige Lachen.

Der Säbelzahntiger warf seinen Kopf stolz in den Nacken. Doch jetzt war Jonathan klar, dass er einen Joker im Ärmel hatte. Mit plötzlichem Selbstbewusstsein, von dem er vor einigen Minuten noch nicht zu träumen gewagt hätte, erwiderte er mit einer jetzt umso stärkeren Stimme „Aber mich hat sie nicht mit einem ihrer Briefe gewarnt. Ich habe keinen ihrer Briefe gelesen.“ Der stolze Ausdruck auf dem Gesicht des Tigers wurde zu Zorn. Von da an wusste Jonathan, dass er gewonnen hatte. Als er aufstand, konnte er sehen, wie der Tiger zum Sprung ansetzte ... und sprang. Er riss sein Maul auf, doch wie von einer plötzlichen Magie getroffen, verschwand er einige Zentimeter bevor er Jonathan erreichte ins Nichts. Jetzt war vor seinen Augen nur noch die tiefe Schwärze der Nacht.

Plötzlich wurde Jonathan klar, dass er das Abenteuer als Gewinner überstanden hatte. Genauso plötzlich wurde ihm klar, dass seine Mutter zu Hause auf ihn wartete und sich wahrscheinlich Sorgen machte. Er drehte sich um und mit einem Lächeln auf dem Gesicht, was für lächerliche Probleme er doch hatte, machte er sich auf den Heimweg.

Geschichte vom Leben

Von Sebastian Riermeier
14 Jahre alt, aus Raeren in Belgien

Als ich Mutter das erste Mal nach dem Wort „Leben“ fragte, wusste sie keine Antwort darauf. Selbst Vater meinte, dass solch eine Frage für eine Biene meines Alters verblüffend sei. Ich solle lieber mit den anderen Bienen fliegen gehen, meinte er und summte davon.

Ich wollte aber nicht jeden Tag mit anderen Bienen durch unser Nest fliegen. Dort draußen, da, wo es von fremdem Leben nur so wimmelte, da wollte ich sein. Ich wollte fremde Gerüche, verblüffende Wesen und vieles mehr sehen. Doch diese fremde Welt war auch gefährlich, das erfuhr ich, nachdem Vater eines Tages vom Nektar suchen nicht wieder heim kam. Viele Jahre danach hatte ich noch immer Furcht davor, mich nur in die Nähe der großen Welt zu begeben, die so schön, aber auch ziemlich gefährlich war.

Doch eines Tages wurde ich von einem Gefühl überwältigt. Eine Stimme flüsterte mir zu: „Flieg kleine Biene, flieg! Denn du wirst gebraucht! Du hast etwas Besseres zu erledigen, als deiner Königin zu dienen! Flieg, kleine Biene, flieg!“ Und ich flog hinaus aus dem Bienennest, flog über die große Blumenwiese hinaus auf den Nektar See, wie ich ihn nannte. Ich überquerte ihn und gelangte an große Häuser, die für eine kleine Biene wie mich ein Wunder waren.

Ich fürchtete mich vor dieser Welt. Sie war hektisch. Alles ging viel zu schnell. Jeder dachte nur an sich selbst. Wie sollte also ich kleine Biene daran etwas ändern?

Als ich das erste Mal zwischen den Häusern war, überkam mich ein sonderbares Gefühl. Ein ganz anderes als zuvor. Ich kannte den Namen dieses Gefühls nicht, deshalb nenne ich es mal Zweifel! Es gab kein Weg mehr zurück, dafür war ich zu weit weg. Alles war so fremd, so groß, so erdrückend. Was konnte ich kleine Sumsebiene dagegen denn anrichten?

Da flüsterte mir die Stimme wieder zu: „Du musst keine Berge versetzen, kleine Biene! Eine gute Tat wird reichen, die deinem Leben einen Zweck geben wird!“ „Ja, aber wo“, fragte ich mich. Die Stimme antwortete nicht. So flog ich weiter, ohne Übersicht, ohne direkte Richtung.

Und dann sah ich etwas, was meinem Leben einen Wert gab. Ein kleines Mädchen, nennen wir es May, schlenderte über einen Weg, der so nahe an der Straße war, dass man dachte, das Mädchen würde mitten auf der Fahrbahn gehen. May war ganz vertieft in ein Buch, sodass sie nicht aufpasste, wo sie hinging. „Guck wo du hinläufst, Mensch“, summte ich verzweifelt. Doch ich war so weit oben, dass sie mich nicht hören konnte. Das hätte sie wahrscheinlich auch nicht gekonnt, wenn ich in ihr Ohr geflogen wäre.

„Mädchen, guck doch, sonst passiert noch etwas!“ Aber sie ging weiter, mit großen Augen auf das Büchlein gerichtet, das für sie wie ein Wunder war. Ich dachte, es sei zwecklos, sollte sie doch alleine zurecht kommen.

Doch die Stimme meldete sich. Nun flüsterte sie nicht mehr, sie schrie förmlich: „Nein kleine Biene! Wenn du diesem kleinen Mädchen nur Hilfe leistest, wirst du es verstehen!“ Aber was sollte ich denn tun?

Plötzlich bemerkte ich, dass May auf eine Kreuzung zuging, an der die Ampel auf Rot stand. Doch das kleine Menschlein schaute nicht hin, wohin sie lief, sondern widmete sich ganz ihrer Lektüre. Sie hatte nun die Kreuzung erreicht, und wollte über die Straße, wo es nur so von rasenden Maschinen wimmelte.

Und da begriff ich! Ich sauste auf das Mädchen zu. Es stand mitten auf der Straße, während ein schnelles Auto auf das Kind zuraste, dessen Fahrer damit beschäftigt war, seiner Frau am Telefon zu erklären, dass es mit der Ex endgültig aus wäre. Ich sauste auf May zu, fuhr meinen Stachel aus - und stach zu.

May erschrak so, dass sie auf den Bürgersteig zurückstolperte. In diesem Moment raste das Auto die Straße weiter runter, während der Fahrer im Auto beschloss, sich nun in einer Kneipe betrinken zu gehen. Das kleine Mädchen war den Tränen nahe. Was war passiert? Warum hatte sie das Auto nicht gesehen?

Währenddessen lag eine kleine Biene im Gras. Ohne Stachel. Ohne Kraft. Doch nun hatte sie die Antwort gefunden. Sie hatte einem größeren, stärkeren Geschöpf das Leben gerettet, und ihres dafür geopfert.

Nun konnte sie sterben. Es war nicht schlimm. „Du bist mehr als eine kleine Biene. Du bist der kleinste Held der Welt“, flüsterte die Stimme. „Ja, ein Held, das hörte sich gut an!“

Rosa

Von Linda Schlingloff
13 Jahre alt, aus Berlin-Rudow in Deutschland

Ich war schon eine Viertelstunde unterwegs, als der silberne Opel mich überholte. Man, der hat es aber eilig, dachte ich noch. Ich wollte gerade rechts in unsere Straße einbiegen, als ich plötzlich ein ohrenbetäubendes Quietschen hörte. Der Fahrer in dem Wagen hatte eine Vollbremsung gemacht. Schnell wendete ich mein Fahrrad und fuhr hin. Was war passiert? War jemand verletzt? Der Fahrer offensichtlich nicht, denn er stand schon auf der Straße und fluchte. Er sah abwechselnd auf seine Uhr und auf ein kleines, schwarzweißes, blutendes Irgendwas direkt vor seinem Wagen.

„Ach verdammt, gerade heute, wo ich es eilig habe, läuft mir dieses Viech vor die Räder", schimpfte er. Dann wandte er sich zu mir um. „Sag mal, könntest du nicht...", hob er flehentlich an. „An jedem anderen Tag hätte ich mich sofort um das arme Tier gekümmert, aber heute... Weißt du, eigentlich sollte ich schon längst da sein!" Ohne zu zögern antwortete ich: „Okay. Ich meine, ja klar, mach ich."

Etwas überrumpelt fühlte ich mich schon, aber was hätte ich sonst antworten sollen? „Danke", rief der Mann und stieg schon wieder in sein Auto. „Vielen Dank!" Und weg war er.

Da stand ich nun mutterseelenallein auf einer verlassenen Straße mit einem kleinen, blutenden Tier und wusste nicht, was ich tun sollte. Dann machte ich das naheliegendste in dieser Situation:

Ich packte das zitternde Ding in meine Schwimmbadtasche und fuhr mit ihm zum nächsten Tierarzt, der zum Glück gleich um die Ecke war.

„Die Sprechstunde ist gerade vorbei", schnarrte mir eine Stimme aus der Lautsprechanlage entgegen. Verzweifelt rief ich: „Es handelt sich um einen Notfall, es geht um Leben und Tod!" Zu meinem Erstaunen ließ mich der Besitzer der Schnarrstimme tatsächlich herein - ich muss mich wohl ziemlich überzeugend angehört haben.

„Das ist ein Streifenskunk", sagte der Tierarzt, nachdem er die Wunde verbunden hatte. Zum Glück schien es keine schlimme Verletzung zu sein. „Ein was", fragte ich etwas irritiert. „Ein Stinktier. Es muss aus einem Zoo entlaufen sein, diese Art lebt eigentlich nur in Südamerika." „Ein Stinktier??" Ich hatte es für einen etwas zu klein geratenen Dachs gehalten - auf Stinktier war ich nicht gekommen.

„Ja, ein Stinktier. Ein Stinktierfräulein, um genau zu sein. Die Wunde ist nicht tief, aber es braucht einen Ort, wo es bleiben kann." „Es könnte ja bei uns zu Hause übernachten", witzelte ich. „Das wäre in der Tat die einzige Lösung", sagte der Tierarzt und sah ungeheuer erleichtert aus. „Ähm, hallo? Das was ein Scherz", wollte ich sagen, aber ich kam nicht zu Wort.

Der Tierarzt laberte mich voll mit gut gemeinten Ratschlägen, während er mir das „Stinktierfräulein" in die Arme drückte und mich auf den Gang schob. Da stand ich dann, noch etwas bedröppelt, und guckte auf das Stinktierchen in meinen Armen. Es schaute mich an und ich sah, dass es eigentlich bemerkenswert süße schwarze Augen hatte.

„Ein Stinktier." Mein Vater wiederholte es wieder und wieder. „Ein Stinktier! Nein!" „Es heißt

Rosa“, sagte ich. „Rosa“, Papa starrte mich entgeistert an. „Warum hast du es nicht gleich Schwarz oder Weiß genannt?! Das würde jedenfalls besser passen! Rosa! Wie konnte Doktor Kahler dir nur ein Stinktier mitgeben?!“ „Können wir es behalten?“ Das war natürlich meine kleine Schwester Leonie. „Nein! Nein, auf keinen Fall! Wir bringen es sofort zurück zum Tierarzt. Keine Diskussion!“ Ich setzte meinen treuherzigsten Blick auf. „Mama hätte es erlaubt!“ Seit unsere Eltern geschieden waren, klappte das meistens. Aber diesmal nicht.

„Thomas, du willst mir doch nicht ernsthaft weismachen, dass Mama ein Stinktier in der Wohnung erlaubt hätte“, polterte er los. Oh, wenn Papa mich Thomas nannte, dann war Alarmstufe Rot angesagt.

Aber immerhin, nach einer Dreiviertelstunde hatten wir ihn soweit, dass Rosa wenigstens über Nacht bleiben durfte. Wir richteten ihr einen Korb mit Stofffetzen her und sie wurde auf den Flur verbannt. In der Hinsicht war Papa hart geblieben. „Stinktiere gehören nicht ins Schlafzimmer“, hatte er auf all unsere Bitten hin nur gesagt.

Im Bett lag ich noch lange wach und dachte über Rosa nach. Bevor ich einschlief, gelobte ich mir, alles in meiner Macht stehende zu tun, um Rosa zu behalten.

Mitten in der Nacht wachte ich auf. Ich glaubte, einen Schrei gehört zu haben. So schnell ich konnte, stieg ich aus dem Bett und schaute nach. In Papas Zimmer brannte Licht, und davor stand Leonie und kringelte sich vor Lachen. „Komm schnell, Tom“, rief sie. Verwundert ging ich zu ihr hin - und musste auch lachen. Es war aber auch zu komisch: In dem Zimmer waren Papa und Rosa. Beide waren in eine andere Ecke geflüchtet und starrten sich jetzt entsetzt an.

Es war wohl so passiert: Rosa war es in der Nacht zu langweilig geworden in ihrem Körbchen Also beschloss sie, einen Streifzug durch die Wohnung zu machen. Da nur Papas Zimmer offen stand, guckte sie sich eben das an. Warum aber Papa gleich geschrien hatte, nur weil sie auf seinem Bett saß, und die arme Rosa so damit erschreckt hatte, wusste niemand. Papa war noch ganz starr vor Schreck.

Bevor er wusste, wie ihm geschah, legte ich ihm Rosa in den Arm. „Guck sie dir an“, sagte ich. Papa schaute auf Rosa, und sie schaute furchtlos zurück mit ihren großen, schwarzen Augen. Dann schleckte sie Papas Hand ab, als wolle sie sagen: „Entschuldigung!“ Das genügte.

Seitdem hat Rosa Narrenfreiheit und kann tun und lassen, was sie will, Papa liebt sie. Der Tierarzt hat schon alle Zoos und Tierparks in unserer Stadt abgeklappert, aber niemand vermisst ein kleines, süßes Stinktier namens Rosa.

Leonie sagt, sie ist vom Himmel gefallen. Vielleicht ist sie das wirklich. Bei diesem Tier ist alle möglich. Fest steht nur, dass es ihr bei uns tierisch gut geht.Und das ist ja schließlich auch die Hauptsache.

Insektenthriller

Von Katharina Schneider-Bodien
15 Jahre alt, aus Düsseldorf in Deutschland

„Hey! Halt, hier dürfen Sie nicht durch", doch ich hörte es schon nicht mehr. Da lag er! Das ist ein Witz, das geht nicht, schoss es mir durch den Kopf, gleich steht er wieder auf und fängt an zu lachen und alles ist wieder ok! Wie lange ich ihn angestarrt hatte, wusste ich nicht, doch plötzlich spürte ich, wie mir jemand eine Hand auf meinen Panzer legte. „Es tut mir leid Madame! Ich bin Inspektor Wane, Emil Wane. Wir bekamen vor etwa einer halben Stunde einen Anruf, dass Ihr Sohn gefunden wurde! Mein Kollege Winter hat Sie sofort verständigt."

So oder ähnlich blieb mir jener Tag in Erinnerung. Jener Tag, an dem ich, der Marienkäfer Coccinella Miore, die Nachricht vom Tod meines einzigen Sohnes erhielt. Er war damals zehn Jahre alt. Dieser Tag, der schlimmste meines Lebens, ist jetzt schon fünf Jahre her. Heute auf den Tag genau fünf Jahre. Seit diesem Tag hatte ich nur noch Pech: Ich musste eine Therapie machen, da ich den Tod meines lieben Sohnes nicht verarbeiten konnte.

Mein Mann James verließ mich mit dem Kommentar, dass er nicht weiter mit einer psychisch labilen Frau wie mir zusammenleben könne und meine schöne kleine Wohnung, die inmitten von Heidekraut gelegen war, wurde von Vandalen verwüstet und fast alles zerstört. Ich bin trotzdem optimistisch, dass es irgendwann besser gehen wird.

Ich lebe jetzt bei meiner Schwester Marieta und ihrer Familie und arbeite in der Kneipe ihres

Mannes „Zur Wies´n“ als Kellnerin. Mir geht es wieder besser, auch wenn ich jedes Mal noch ein Stechen in der Magengegend spüre, wenn ich eine Mutter mit ihrem zehnjährigen Sohn sehe.

Heute jährt sich dieser Tag also schon zum fünften Mal. Gleich werde ich mit meinen Patenkindern Joan und Joaninha, den Zwillingen, auf den Friedhof fliegen. Das wird das erste Mal sein, dass ich ihn dort besuche. Vorher war ich nicht stark genug, ich bekam immer panische Angst, wenn ich nur daran dachte, ihn, meinen lieben Sohn, auf dem Friedhof zu besuchen.

„Tante Coccinella, kommst du endlich“, hörte ich Joaninha aus der Küche rufen. „Ja, ich bin gleich fertig! Einen Moment noch“, antwortete ich ihr, zog mein gepunktetes Regencape aus dem Schrank (es sah sehr bewölkt aus und wir Marienkäfer können mit nassen Flügeln nicht fliegen) und surrte in die Küche. Da standen die beiden, die ich manchmal immer noch verwechselte. Fein herausgeputzt, sogar mit einem Strauß Blumen.

Wir machten uns also auf den Weg, Joan flog vor und Joaninha und ich flogen hinterher. Sie erzählte mir von einem neuen Rezept, warum die Läuse in letzter Zeit so viel Milch gaben. Begeistert berichtete sie, dass sie mehr Milch gäben, wenn man ihnen etwas vorsummen würde, es beruhige sie. Ob das stimmte, wusste ich nicht, aber gewundert hatte ich mich schon, dass sie mehr Milch gaben. Trotzdem schön, dann brauchten wir uns keine weiteren Tiere anschaffen!

Joan war nun schon so weit voraus geflogen, dass wir ihn nicht mehr sahen. Das waren die jungen Wilden, dachte ich schmunzelnd, doch so kamen meine Gedanken wieder zurück zu meinem geliebten Sohn, und meine gute Laune verflüchtigte sich so schnell wie sie gekommen war.

Doch plötzlich tauchte Joan wieder auf, ja er raste wie wild auf uns zu. Wollte er sich wieder einen Spaß mit uns erlauben? „Hoffentlich ist nicht passiert“, bemerkte Joaninha. „Vielleicht wird er von Wespen verfolgt?“ „Quatsch“, erwiderte ich. „Was sollten sie von ihm wollen, und überhaupt, siehst du welche? Du hast wohl Angst vor ihnen?“ „Ich? Angst? Nein, ich würde das Respekt nennen!“ „Ach, Respekt nennt man das, wenn man immer von Wespen spricht, sobald...“, doch ich wurde von meinem Neffen unterbrochen.

„Tante Coccinella! Tante Coccinella“, keuchte er, „komm schnell, es ist etwas Schlimmes passiert!“ Mit einem Mal, spürte ich wieder dieses Klopfen meines Herzens. Nur nicht panisch werden, dachte ich mir, was soll schon schlimmes auf einem Friedhof...

„Der Friedhof ist weg!“ Wie konnte das sein? Wie sollte denn ein Friedhof weg sein? „Hast du dich verflogen“, fragte ich ihn. „Nein, Tante! Ich weiß, wo der Friedhof war! Doch wo er war ist jetzt eine riesige Baustelle, mit Baggern und großen Kränen!“ Aufgeregt flog ich jetzt schnell weiter, in dem Moment war es mir egal, ob die beiden mitkamen oder nicht, ich musste zu meinem Sohn beziehungsweise zu dem Grab meines Sohnes!

Tatsächlich! Mir kamen die Tränen! Wie konnte das sein? Das Gebiet war doch ein Naturschutzgebiet!? Jetzt war alles vorbei, ich war nicht ein einziges Mal an dem Grab meines einzigen Sohnes! Welch Rabenmutter ich doch war!

Und da fing es auch schon an zu regnen. Dicke große Wassertropfen regnete es und alles, was sich vorher nicht geschützt hatte, wurde nass. Ich kann nicht mehr sagen, wie lange ich so in der Luft schwebte und nass wurde, plötzlich waren meine Patenkinder neben mir und redeten mit mir. Doch ich nahm alles nur ganz vage wahr, alles war grau, düster und nass.

Ich wachte auf, war das alles nur ein düsterer Traum gewesen? „Wo bin ich“, fragte ich mich und plötzlich nahm ich eine Bewegung rechts von mir wahr. Ich wollte mich schon verkriechen, vielleicht war das ja ein Laufkäfer, doch es war ein anderer Marienkäfer! Und er war schwarz und hatte rote Punkte! So was hatte ich ja noch nie gesehen. Und jetzt merkte ich auch, dass ich auf einem weichen Sofa aus Moos und Heidekraut lag.

„Ah, Sie sind wieder zu sich gekommen! Schön schön...“, sprach er mit einer angenehmen Stimme, die einen witzigen Akzent hatte. Ein französischer Marienkäfer war er jedenfalls nicht. „Wo bin ich“, fragte ich noch einmal. „Oh, entschuldigen Sie! Wo habe ich nur wieder meinen Kopf? Ich bin Achim von Arnim, Dichter und Denker aus Deutschland.“ Aus Deutschland kam er also. „Ihre beiden Kinder irrten mit Ihnen im Schlepptau vor meiner Tür herum, da ließ ich Sie herein. Ich bin froh, dass es Ihnen wieder...“

„Wie geht es den beiden? Wo sind sie“, fragte ich hektisch, man ich konnte noch nicht einmal auf meine Patenkinder aufpassen, sie hatten eher auf mich aufgepasst. „Ihnen geht es gut, sie sind in meiner Küche und kochen eine stärkende Suppe. Laut Aussage der beiden sind Sie wohl plötzlich abgestürzt und ohnmächtig geworden. Mit wem habe ich denn das Vergnügen? Was war so schlimm, dass Sie solche Stunts vollbringen?“

Der drückte sich ja witzig aus! „Ich heiße Coccinella Miore und bin die Tante und Patentante der beiden!“ Lächelnd schüttelte er mir die Hand und reichte mir eine aus Seegras geflochtene Decke, und da erzählte ich ihm die ganze Geschichte, von meinem Sohn, meinem Mann, meiner Wohnung und dem für heute geplanten Besuch auf dem Friedhof.

Er hörte die ganze Zeit geduldig zu, nickte an den richtigen Stellen und zum Schluss zog er sein Gesicht in Falten, als ob er über irgendetwas nachdenken würde. „Das tut mir leid, mein herzliches Beileid. Ich glaube, dass ist Schicksal, dass wir uns so treffen! Mir ist es so ähnlich ergangen.“

Und so erzählte er mir von seiner Frau, die ihn verlassen hatte, um mit einer Freundin etwas Verrücktes zu unternehmen, dass er dann das gemeinsame Haus in Deutschland verkauft hatte, um sich von dem Geld irgendwo etwas Neues zu kaufen und von seiner Reise, die ihn schließlich nach Frankreich geführt hatte.

„Dichter und Denker sind Sie also? Und was macht man da so? Kann man davon leben“, fragte ich ihn neugierig. „Als Dichter und Denker macht man sich über alles und nichts Gedanken. Moment, ich zeige ihnen mal ein Stück, an dem ich gerade arbeite“, und fort war er.

So blieb mir Zeit, mich ein bisschen umzuschauen. Wenn das hier nur der Wohnraum war, dann musste die Wohnung ja riesig sein! Der Wohnraum war mit schönen Schilf-Möbeln eingerichtet, an den Wänden hingen Karten und neben der Tür stand ein riesengroßes Bücherregal, was bis zur Decke mit Büchern gefüllt war. „Viola! Da bin ich wieder“, sagte er plötzlich und hielt mir ein Stück Pergament hin. „Das ist das erste Stück, was ich hier in Frankreich geschrieben habe." Gespannt fing ich an zu lesen:

Marienwürmchen setze dich
auf meine Hand,
ich tu dir nichts zu Leide.
Es soll dir nichts zu Leid gescheh´n,
will nur deine bunten Flügel seh´n,
bunte Flügel meine Freunde.
Marienwürmchen fliege weg,
dein Häuschen brennt,
die Kinder schrei´n so sehre.
die böse Spinne spinnt sie ein,...

„Weiter bin ich noch nicht. Ich habe irgendwie momentan eine Blockade!" Das Stück gefiel mir sehr gut, auch wenn es noch nicht fertig war. „Wie wäre es denn mit „Die böse Spinne spinnt sie ein, Marienwürmchen, flieg´ hinein?" Er war begeistert. „DAS ist es", rief er voller Freude und rannte, um einen Federkiel und Tinte zu hohlen. „Die böse Spinne spinnt sie ein, Marienwürmchen, flieg´ hinein, deine Kinder schreien sehre..." „Marienwürmchen, fliege hin", antwortete ich, was er sofort aufschrieb. „Zu Nachbars Kind´, Sie tun dir nichts zu Leide." „Es soll dir da kein Leid gescheh´n, Sie wollen deine bunten Flügel seh´n". „Und grüß´ sie alle beide", schrie er voller Begeisterung und las das ganze Gedicht noch einmal theatralisch betont vor:

Marienwürmchen setze dich
auf meine Hand,
ich tu dir nichts zu Leide.
Es soll dir nichts zu Leid gescheh´n,
will nur deine bunten Flügel seh´n,

bunte Flügel meine Freunde.
Marienwürmchen fliege weg,
dein Häuschen brennt,
die Kinder schrei´n so sehre.
Die böse Spinne spinnt sie ein,
Marienwürmchen, flieg' hinein,
deine Kinder schreien sehre.
Marienwürmchen, fliege hin
zu Nachbars Kind',
sie tun dir nichts zu Leide.
Es soll dir da kein Leid gescheh´n,
sie wollen deine bunten Flügel seh´n,
und grüß´ sie alle beide.

Es wurde noch ein schöner Abend (Joan und Joaninha hatten eine tolle Schildlaussuppe gekocht) und seit diesem Tag trafen wir uns regelmäßig, um zusammen zu schreiben und uns Geschichten zu erzählen.

Bald darauf waren wir im ganzen Insektenreich Frankreichs, Deutschlands und ganz Europas bekannt und selbst bei den Menschen kamen unsere Gedichte so gut an, dass dort ein ganzer Gedichtband herauskam.

Hintergrundinformationen zu der Geschichte:
Die Namen Coccinella, Marieta, Joan und Joaninha sind die Namen von Marienkäfer in den verschiedensten europäischen Sprachen. Achim von Arnim lebte von 1781 bis 1831 wirklich. Er war, wie hier in der Geschichte, Dichter und Denker und hat mit Clemens Brentano einige bekannte Lieder und Gedichte herausgegeben. Das hier in der Geschichte vorkommende Gedicht ist ein Orginal-Achim-von-Arnim-Gedicht.

Luminas Dank

Von Manon Perret
9 Jahre alt, aus Frankfurt a.M. in Deutschland

„Das ist gemein! Warum darf ich nie in den Wald gehen? Bitte, Mama!“ „Nein, Elya! Das geht nicht. Geh auf die Wiese oder zum Bach. Du kannst überall spielen, nur nicht im Wald.“

„Nie darf ich hinter die Felsen gehen! Ich kenne jedes Fleckchen im Elfenland schon auswändig! Hier ist es langweilig. Ich werde mich bestimmt nicht verlaufen, bitte! Ich bin kein Kind mehr, ich bin doch schon zwölf!“ Das Elfenkind schaute flehend seine Mutter an. „Außerdem habe ich keine Angst vor Waldgeistern und wilden Tieren. Das erzählen sich die Großen nur, um den Elfenkindern Angst zu machen. Bitte, bitte, bitte, bitte!“

„Du kennst den Wald doch gar nicht. Wie kannst du so sicher sein, dass du dich nicht verläufst! Du bleibst auf der Wiese oder zu Hause. Entscheide selbst. Du kennst die Regeln! Über den Wald brauchen wir gar nicht zu diskutieren!“

Traurig schlenderte Elya durch das Elfenland. Alles war so ungerecht! Ihre Mutter Lumina konnte alles selbst entscheiden, außerdem hatte sie die Kraft des Lichtes.

Elya bewunderte sie und wünschte sich vom ganzen Herzen schon richtig erwachsen zu sein und auch solche Zauberkraft zu haben. Aber dafür musste sie sich noch lange gedulden und Tag für Tag im öden Elfenland bleiben.

Sie ging auf die Wiese: langweilig. Dann zum Bach: langweilig. Nun stand sie vor dem großen

Felsen, der das Elfenland vom Wald trennte, und schaute durch einen Spalt in die Ferne.

Plötzlich hörte sie ein leises Piepsen. Sie horchte. Es klang, als bräuchte jemand Hilfe. Elya rannte in die Richtung, aus der das Piepsen kam. Sie ging immer tiefer in den Wald, immer der Stimme nach. Jetzt erkannte sie schon einen Fluss. Er war nicht mehr weit. Sie blieb einen Moment stehen und schaute zurück Der Fels war nicht mehr zu sehen.

Elya zögerte. Aber sie musste herausfinden, was los war. Über dem Fluss sah sie zwei kleine Käfer fliegen. Sie waren ganz verängstigt. Sie versuchten verzweifelt, etwas aus dem Wasser zu ziehen. Jetzt verstand Elya, woher das Piepsen kam. Ein kleiner Käfer lag im Fluss und strampelte mit den Beinchen nach allen Seiten. Seine Freunde warfen Halme ins Wasser, damit er sich festhalten konnte. Die Strömung war aber zu stark, und er schaffte es nicht, sich irgendwo festzuklammern und sich so herauszuziehen.

Die zwei Käfer machten ihm Mut, doch sie konnten ihm nicht helfen, weil sie Angst hatten, selbst in den Fluss zu fallen. Elya eilte hin. Ohne zu zögern flog sie über die Stelle und zog den kleinen Käfer heraus. Seine zwei Freunde und die Elfe trockneten ihn mit einem weichen Blatt und legten ihn auf einen warmen Stein in der Sonne.

Lange Zeit verbrachte die kleine Elfe damit, das erschöpfte Insekt zu pflegen. Nachdem es sich von dem Schock erholt hatte, spielten die vier Freunde bis es dunkel wurde. Da fiel Elya ein, dass sie sich doch ziemlich weit von zu Hause entfernt hatte. Vielleicht suchte Lumina schon nach ihr?!

Elya hatte plötzlich Angst. Sie wusste nicht mehr den Weg nach Hause. In der Dunkelheit sah der Wald gruselig aus. Glücklicherweise waren die drei Käfer da, die sich bestens auskannten, da sie schon immer im Wald wohnten. „Wir werden dich nach Hause bringen, kleine Elfe, hab keine Angst." Einer der Käfer flog voraus, die anderen zwei zogen die Elfe an ihren Flügeln.

Elya schaute sich um. Die Bäume sahen aus wie langarmige Monster mit schaurigen Gesichtern. Weit in der Ferne leuchtete ein kleines Licht. Es kam von ihrem Elternhaus. Davor stand Lumina besorgt und hielt Ausschau nach ihrem Kind. Elya flog in die Arme ihrer Mutter. Überglücklich, dass sie wieder zusammen waren, achteten sie nicht auf die drei Käfer, die sich langsam entfernten.

Plötzlich rief Lumina: „Wartet! Ich möchte mich bei euch bedanken. Kommt mit!" Gemeinsam flogen sie zurück in den dunklen Wald. Da erhob Lumina ihre Hände und sprach die Zauberformel des Lichtes. Auf einmal fingen alle kleinen Käfer an zu leuchten. Kleine Lichter schwebten und blinkten in der Luft. Man konnte Wald und Sternenhimmel nicht mehr unterscheiden.

Elya drehte sich zu ihren Freunden um und entdeckte, dass auch sie jetzt leuchteten. Es war zauberhaft! „Nie wieder soll sich ein Kind im Wald fürchten oder gar verlaufen", sprach Lumina und umarmte ihr Kind. Seit dieser Nacht leuchten 2000 verschiedene Arten von Glühwürmchen und Leuchtkäfern in den Wäldern.

Und ihr wisst jetzt, warum.

Der Fledermausschreck

VON BIRKA GOLIBERSUCH
12 Jahre alt, aus Halbe in Deutschland

Es ist Sonntag. Und sonntags bekommt Mama immer ihre „Anfälle“. Das heißt, sie hält dem Rest der Familie, in diesem Fall Papa und mir, einen Vortrag über Ausflüge und dem ewigen Quatsch mit „Wir sind eine Familie, wir müssen mal alle zusammen was unternehmen!“ Ich sitze in meinem Zimmer und warte darauf. Aber es bleibt aus. Vielleicht hat sie einfach keine Lust auf Ausflüge, nachdem was vor einer Woche passierte...

Sonntag: Mama hat gesiegt. Sie hat Papa davon überzeugt, dass wir, als Familie, mal einen Ausflug machen müssten. Ich will nicht, aber mich fragt ja keiner. Wir sitzen im Auto und ruckeln langsam den Großen Arber, der höchste Berg im bayerischen Wald, hinauf. Es ist heiß und stickig. Durchs weit geöffnete Fenster fliegen kleine Gewittermücken, die dann von mir an der Fensterscheibe empfangen und zerquetscht werden. Man, ich will hier nicht sein, hier, wo ich langsam aber sicher zerfließe. Träge lausche ich der Musik aus dem Radio. Ich fühle, wie ich davon schwebe von hier, vom Jetzt, von der Hitze. Ich entferne mich. Es ist, als hätte jemand eine Glasglocke über mich gestellt, die mich von der restlichen Welt abschneidet.

Jetzt höre ich nichts mehr, außer der leisen Musik im Hintergrund und dem einschläfernden Gebrumm des Motors. Ich spüre, dass ich langsam, ganz langsam einschlafe, mich ausklinke, einfach abschalte...

„Wir sind da“, dröhnt eine laute Stimme an mein Ohr. Ich bin sofort hellwach und blinzle erstaunt in das grelle Sonnenlicht. Plötzlich stürmt wieder alles auf mich ein: die Hitze, das Licht, die Radiomusik - und der Ausflug. Ich merke, dass mein T-Shirt an meinem Oberkörper klebt. Ich bin schweißnass. „Da ist die Burg“, ruft Mama fröhlich und steigt aus dem Auto. Papa und ich folgen ihr. Mama strubbelt mir durchs Haar. Ich hasse das. Da steht also unser Besuchsobjekt: eine alte Burg. Aha. Sehr interessant.

Papa zieht mich mit in die Ruine. Wenigstens ist es hier schön kühl, und das gefällt besonders meinem durchnässten Rücken. Ich sehe mich genauer um. Ich muss schon sagen, von innen sieht die Burg wirklich gruselig aus. In allen Ecken hängen Spinnweben. Das ist gar nicht gut, denn ich hasse Spinnen. Ich gucke durch ein kleines Fensterchen und sehe gegenüber einen hohen Turm mit einem Dach voller Vogelkacke. Dort drin hausen bestimmt Eulen mit spitzen Schnäbeln und gefährlichen Krallen. Ich habe Angst vor Eulen, vor allem, weil sie oft nachts unterwegs sind. Vor der Nacht habe ich nämlich auch Angst. Zum Glück fürchte ich mich nicht vor Fledermäusen, denn die pfeifen uns alle paar Sekunden um die Ohren. Toll, echt!

Ich bin richtig wütend. Stinkewütend! In so ein altes, ranziges, bescheuertes, vergammeltes, blödes, stinkendes Schloss schleppen mich meine Eltern!! Empörend! Das schreit förmlich nach Rache! Und wie man es in Büchern immer liest, ist mir in diesem Moment das Schicksal hold. Wir befinden uns gerade im zweiten Stock. Auf dem Boden in einer dunklen Ecke liegt eine fette tote Fledermaus. Ha! Die bringt mich auf eine genial-gemeine Idee!

Meine Eltern haben die tote Fledermaus nicht gesehen. Teuflisch grinsend ziehe ich eine lange Schnur aus meiner Hosentasche. Man weiß ja nie, wozu man die gebrauchen kann. Ich schaue die Decke an, und zu meinem Glück klafft eine backsteingroße Öffnung über dem Kopf meiner Mutter. Rache ist süß! Ich hole mein Taschentuch hervor und hebe damit vorsichtig die Fledermaus auf. Dann rufe ich meinen Eltern, die gerade einen mindestens 2000 Jahre alten, mottenzerfressenen Wandteppich bewundern, zu: „Ich muss mal auf Klo“, und renne zur Treppe.

Ich komme im dritten Stock an und schleiche zur Bodenöffnung, damit meine Eltern mich nicht hören. Meine Mutter steht immer noch direkt unter dem Loch. Ich lächle finster und binde den Faden um den dicken Bauch der toten Fledermaus. Dann lasse ich sie langsam durch das Loch herunter gleiten, bis sie auf Mamas Kopf plumpst. Als diese merkt, dass eine Fledermaus anscheinend Tango auf ihrer Frisur tanzt, dreht sie durch. Mama kreischt und schreit, als ob sie mindestens ermordet wird. Aber ich gebe ihr keine Ruhe, erbarmungslos lasse ich die Fledermaus auf ihren Kopf herumhüpfen. Als ich sehe, dass Papa versucht, der Sache auf den Grund zu gehen, ziehe ich die Schnur ruckartig hoch, sodass es unten so aussieht, als wäre die Fledermaus ganz plötzlich wieder davon geflogen. Das muss ich tun, ich will nämlich nicht, dass Papa den Faden entdeckt, und mir den ganzen Spaß verdirbt. Schnell werfe ich die Fledermaus mitsamt der Schnur aus dem Fenster und renne wieder in den zweiten Stock. Mein Vater versucht gerade, meine Mutter zu beruhigen, die immer noch heult, und sich immer wieder schüttelt. Aber es gelingt ihm nicht. Wenn Mama erstmal so richtig in Fahrt kommt, steigert sie sich immer weiter hinein, und dann kann nichts und niemand sie nach weniger als drei Stunden wieder beruhigen. Zum Glück ist sie mir noch nicht auf die Schliche gekommen. Übrigens, sie schwört gerade, nie wieder diese Burg zu betreten!

Starke Tiere

Von Lerke Steinwald
10 Jahre alt, aus Hille in Deutschland

Hasen sind Hasen: weil sie weglaufen.
Hasen sind Hasen: weil sie Möhren essen.
Hasen sind Hasen: weil sie lange Zähne haben.
Elefanten sind Elefanten: weil sie große Füße haben
Elefanten sind Elefanten: weil sie einen Rüssel haben.
Elefanten sind Elefanten: weil sie ihre Trompete immer dabei haben.
Vögel sind Vögel: weil sie fliegen.
Vögel sind Vögel: weil sie zwitschern.
Vögel sind Vögel: weil sie Eier legen.
Schweine sind Schweine: weil sie grunzen.
Schweine sind Schweine: weil sie im Dreck wühlen.
Schweine sind Schweine: weil sie viele Ferkel kriegen.

Pferde sind Pferde: weil sie wiehern.
Pferde sind Pferde: weil sie Reiter tragen.
Pferde sind Pferde: weil sie schnell laufen können.
Tiere sind dazu da, um sie lieb zu haben!

Melody, die Elfe

Von Laura Dauer
14 Jahre alt, aus Coesfeld in Deutschland

Hallo, mein Name ist Maria und meine Stimmung ist in letzter Zeit nicht gerade die beste, denn mein Vater und meine Mutter haben sich vor kurzem scheiden lassen. Darüber bin ich sehr traurig, weil ich beide über alles liebe und keinen von ihnen verlassen will. Aber meine Mutter hat jetzt einen neuen Freund, den ich gar nicht leiden kann. Deshalb wohne ich jetzt bei meinem Papa. Mein Papa ist den ganzen Tag arbeiten, deswegen bin ich oft alleine zu Hause. Dreimal in der Woche kommt Vivien, mein Kindermädchen. Ich habe meinem Vater schon ein paar Mal gesagt, dass ich kein Kindermädchen brauche. Also ehrlich, braucht ein 14-jähriges Mädchen denn ein Kindermädchen?! Bestimmt nicht! Aber mein Vater besteht darauf. Na ja, trotzdem ist er echt in Ordnung. Vivien interessiert sich überhaupt nicht für mich, sie will nur das Geld meines Vaters. Immer wenn sie kommt, schmeißt sie sich sofort mit einer Tüte Chips auf die Couch und guckt Fernsehen. Manchmal telefoniert sie auch mit ihrer Freundin oder ihrem Freund. Vivien ist erst 17, also nur drei Jahre älter als ich! Das merkt man auch. Doch eines Tages geschah etwas sehr Seltsames…

Es war an einem sonnigen Sommermorgen. Ich lag noch in meinem Bett, als ich plötzlich ein leises Geräusch hörte. Es kam von draußen. Es hörte sich an wie ein schnelles Flügelflattern, das hektisch zu klingen schien. Verschlafen stieg ich aus meinem Bett und öffnete das Fenster. Als ich weder was sah, noch etwas hörte, drehte ich mich um und wollte gerade zurück, als auf einmal etwas gegen meinen Rücken flog. Ich erschrak und drehte mich blitzschnell um.

Das was ich euch erzähle, werdet ihr mir bestimmt nicht glauben: Vor meinen Füßen lag eine kleine Elfe in Gestalt eines kleinen Ponys! Sie sah sehr erschöpft aus. Ich ging in die Hocke und nahm das kleine Geschöpf in meine Hände. Jetzt merkte ich erst, dass es eiskalt war und zitterte. Ich legte die Elfe auf mein noch warmes Kissen und deckte sie mit meinem frisch gewaschenen Taschentuch zu. Sie beruhigte sich und schlief ein. Ich lief schnell in die Küche, schraubte von einer Wasserflasche den Deckel ab und füllte ihn mit Milch. Danach schnappte ich mir ein paar Weintrauben und ein Stückchen Brot. Als ich alles zusammen hatte, ging ich rasch zurück in mein Zimmer, wo die kleine Elfe friedlich in meinem Bett lag. Ich kniete mich neben sie und berührte sie vorsichtig mit meiner Fingerspitze.

Langsam öffnete sie ihre Augen und schaute mich schüchtern an. Ich hielt ihr den Deckel und das Essen hin. Sie setzte sich auf und trank einen Schluck. „Vielen Dank“, sagte sie, „ich dachte immer Menschen sind böse, aber du bist genau das Gegenteil!“ „Danke, aber ich helfe doch gerne“, sagte ich zu ihr und hielt ihr eine Weintraube hin, in die sie sofort hinein biss. Ich lächelte und fragte: „Warum warst du eigentlich so aufgewühlt und kalt?“ „Deswegen bin ich hier“, meinte das Pferdchen kauend und schluckte den Bissen hinunter, „Als erstes stelle ich mich einmal vor. Ich bin Melody und komme aus dem Elfenreich, das am Ende des Regenbogens liegt. Darf ich auch deinen Namen wissen?“ „Natürlich“, antwortete ich, „ich bin Maria.“ „Schöner Name“, meinte Melody lächelnd und fuhr fort, „Also, ich mach es kurz: Der Glücksbringer unseres Dorfes ist verschwunden: Zorria das Einhorn!“ Ich fragte: „Wisst ihr schon, wer etwas damit zu tun haben könnte?“ „Ja“, meinte Melody aufgebracht, „Der böse Feuerteufel Vulanos, er hat schon einmal versucht, Zorria zu stehlen!“ „Aber warum will er das Einhorn denn stehlen“, fragte ich und die kleine Elfe sagte empört: „Also wirklich! Jedes Kind weiß doch, dass Einhörner Glück bringen und Gold liefern!“ Ich merkte, wie mein Gesicht rot wurde. „Oh, das tut mir Leid! Ich wollte nicht so zickig zu dir sein“, entschuldigte sich Melody, „Aber wir müssen uns langsam beeilen!“ „Warum beeilen“, fragte ich erstaunt. „Na, wir müssen doch Zorria suchen“, sagte das magische Pony und zeigte mir eine Art Uhr, die um seinen zierlichen Hals hing. „Das hier ist ein Zeitverschnellerer, er hält die Zeit in der realen Welt an. Dreht man einmal an dem kleinen Rädchen, hat man genau zehn Minuten Zeit, das zu erledigen, was man vorhat, dreht man zweimal, hat man zwanzig Minuten und so geht das immer weiter. Ich glaube wir drehen sechsmal, also haben wir dann genau sechzig Minuten in der anderen Welt Zeit, um Zorria zu finden.“ „Also los“, rief ich und zog mir schnell etwas an.

Dann drehte Melody sechsmal an dem Rädchen und wir verschwanden in einen bodenlosen Tunnel, der voller bunter Farben schimmerte.

Es war ein wunderschönes und freies Gefühl. Ich schloss meine Augen und als ich sie wieder öffnete, lag ich auf einer weichen mit Gras und Moos bewachsenen Wiese. Um mich herum standen große Bäume, die verzerrte Schatten warfen. Ich setze mich auf und da war Melody, die sagte:

„Na endlich! Wird aber auch Zeit!“ Ich stand auf und los ging’s. Wir liefen durch drei verschiedene Wälder. Zwei von ihnen waren wunderschön, dort zwitscherten die Vögel, man sah überall Blumen und Eichhörnchen und Kaninchen liefen ihnen über den Weg. Doch der letzte Wald bereitete uns große Angst. Dieser Wald war düster, in jedem Busch raschelte es, der Wind war bitterkalt und es hörte sich an, als flüstere er ihnen böse etwas zu.

„Wann sind wir denn endlich da“, fragte ich bibbernd. Wir gingen um eine Ecke und dann wusste ich, dass wir angekommen waren: Dort stand ein riesiges Schloss. Links und Rechts neben dem Eingang standen Fackeln, die wirklich gruselig aussahen. „Hier ist es also“, sagte ich und mir lief ein eiskalter Schauer über den Rücken. „ Ja“, antwortete Melody. Ich merkte, dass auch sie Angst hatte.

Das, was danach geschah, ging ziemlich schnell. Also, wir liefen hinein, schlichen uns an Vulanos Schlafgemach vorbei, gingen durch den Speisesaal und durch sein Wohnzimmer, bis wir an eine große Tür kamen, die wohl der Hinterausgang war. Leise öffneten wir sie und betraten eine Art Stall. Als wir gerade zwei Schritte gegangen waren, hörten wir ein Wiehern. Sofort gingen wir dort hin, wo wir es gehört hatten und dort stand: ZORRIA!

Nun hatten wir das wunderschöne Einhorn, das außerdem noch der Glücksbringer von Melodys Dorf war, gefunden. Schnell holten wir es aus seiner Box und schlichen den Weg zurück. Niemand bemerkte uns. Als wir aus dem Schloss liefen, waren wir wieder in der realen Welt und Melody verabschiedete sich von mir: „Vielen Dank, dass werden wir dir niemals vergessen!“ „Gern geschehen“, sagte ich und so trennten sich unsere Wege.

Schlüssel zur Freiheit

Von Marcel Knobloch
11 Jahre alt, aus Freiburg in Deutschland

„Neiiinlich!“ Der Schrei von Wilhelm von Kürenberg hallte zwischen den Bergen. Er versuchte sich am Felsen festzukrallen. Doch es war schon zu spät. Der Ritter krachte auf die nächst untere Felskante und blieb regungslos liegen. Schließlich stöhnte er, rappelte sich mühsam auf und murmelte etwas wie: „Hab ich ja noch mal Glück gehabt.“ Etwas knackte, knirschte. Wilhelm dachte wohl, das wäre eine umfallende Tanne.

Als er aber keine sah, dachte er: Dann ist sie eben schon umgefallen. Noch mal knirschte etwas. „Das kann doch nicht sein?“ Und doch. Wilhelm war mitten in einem Falkennest gelandet.

Sicher sollte ich jetzt erst einmal erzählen, was er hier im Gebirge an dieser schmalen Bergkette am Fuße des Berges I Wiswa, der zur damaligen Zeit heilig war - niemand wusste, warum - zu suchen hatte. Nun er wollte sich einen Vogel fangen. Er dachte daran, ihn großzuziehen, zu zähmen. Kurz: Er war dabei, einem Vogel die Freiheit zu rauben. Und nun war er mitten in einem Falkennest gelandet.

Das Ei im Nest zersprang und ein süßer kleiner Falke taumelte heraus. Wilhelm wusste, dass dieser Vogel zu ihm gehörte. Weil am Schnabel des Vogels ein Stück Eierschale zu sehen war, nannte er den Burschen „Eierschnabel“. Dann steckte Wilhelm Eierschnabel in seinen Beutel und begann den Abstieg.

Der Abstieg war schwer und gefährlich und

es fehlte nicht viel und Wilhelm wäre noch einmal in diesem wirklich großen und furchteinflößenden Gebirge gestürzt. Zudem kannte er sich hier nicht so gut aus wie in seiner Burg, dem Anwesen des Königs Riffel II. Dort war er ein angesehener Ritter, und Riffel zählte ihn zu seinen besten Leuten.

Der Weg ging weiter, immer fort, bis Wilhelm sicher war, dass er sich verlaufen hatte. Noch stand die Sonne am höchsten Punkt, doch auch sie würde bald untergehen. Nur noch um diese Felsnase dieses wirklich gastfreundlichen Gebirges, dann setze ich mich hin, beobachte die Hasen und Steinböcke und lege mich aufs Ohr, dachte Wilhelm.

Er wollte sich eben hinsetzen, als er etwas knurren hörte. „Oh, oh, oh, oh das ist nicht gut", meinte er und rannte, als ob der Teufel hinter ihm her wäre, kreuz und quer, bis er den Bären abgeschüttelt hatte. Bären wie Grizzlis darf man nicht erschrecken. Das muss man bei Schwarzbären machen, aber ich schweife schon wieder ab. Auf einmal, als hätte ein Zauberer sie plötzlich hierher berufen, tauchte aus dem Nebel die Burg Finkairaa auf.

Endlich zu Hause! Das ist ein schönes Gefühl, dachte Wilhelm und lief mit einem leichten Zögern auf die Burg zu. Die Menschen begrüßten ihn freundlich. Wie schon erwähnt, er war überall angesehen.

Es war ein schöner Tag. Die Sonne schien, die Vögel tanzten und pfiffen. Es war Frühling und man musste ihn schätzen und sich freuen, da die kalte Jahreszeit nun vorüber war. Doch die Menschen hatten nichts für den Frühling übrig. Wenn ich der Frühling wäre, würde ich jetzt gehen. Wie dem auch sei, Wilhelm schritt mit stolzen Zügen auf den Hühnerhof zu. Der Hühnerhof war nur klein und hatte dennoch Platz für alle Hühner. Er lag oberhalb des Wehrganges auf der Nordseite und es sah ein wenig so aus, als ob er schon seit Ewigkeiten hier stehen würde. Auch für Eierschnabel war noch Platz darin. Wilhelm öffnete den Beutel und ließ Eierschnabel hinein tapsen. Noch viele Jahre später träumte er davon!

In den nächsten Tagen versuchte Wilhelm, Eierschnabel zu zähmen. Was sich als gar nicht so einfach erwies, denn Eierschnabel war schließlich ein Raubvogel. Doch Wilhelm wollte nicht aufgeben. Mittlerweile war Eierschnabel schon zwei Monate alt. Zwar kam er sofort angelaufen, wenn Wilhelm ihn rief - ungefähr fünf Mal am Tag - doch zähmen? Nein. Der Vogel hatte sein „Herrchen" sogar schon mehr als einmal gebissen. Wie oft genau? Das weiß ich nicht, da müsst ihr ihn schon selber fragen.

Eines Nachts - Eierschnabel war zwei Wochen zuvor ein Jahr alt geworden - hatte Wilhelm böse Träume. Sie wollten ihm nur eines tun: Angst machen. Die Zugbrücke zersplitterte in tausend Stücke und kalt wie die Nacht rollten Gestalten hindurch, deren Gesichter man nicht sehen konnte. „Wir kommen dich holen! Komm nur!" „Äh, sicher verwechselt ihr mich!" Alle Blicke waren auf Wilhelm gerichtet. Dann sah man Eierschnabel, wie er den Kopf in den Nacken legte und sich in die Lüfte schwang. „Neiin !"

Plötzlich war Wilhelm im Gebirge, er fiel und fiel und fiel, bis er auf dem Boden mit dem Kopf aufschlug. Da wachte er mit einem Ruck auf. Er fühlte sich wie gerädert. „Eierschnabel!" Wilhelm rannte aus seiner Schlafkammer, rammte eine Magd, schlitterte um die Kurve und krachte mitten in eine Ritterausrüstung. „Verflucht!" Er rannte in die große Halle. Aus dem goldenen Teppich rupfte er Wolle aus und flog fast in den Hühnerstall. „Eierschnabel komm!“ „Piep?“ Wilhelm wickelte bzw. versuchte die Wolle um Eierschnabels Gefieder zu wickeln. „Autsch!“ Eierschnabel hatte Wilhelm gebissen.

Der Vogel schaute ihn an. Seine Augen spiegelten das Licht der Morgensonne. Er breitete seine Flügel aus und stieß sich vom Boden ab. Er flog langsam und schließlich hatte Wilhelm Eierschnabel zum letzten Mal gesehen.

Eierschnabel flog in ein anderes Land. In das Land der Tiere. Erst jetzt merkte Wilhelm, dass er den Vogel zu sehr versklavt hatte. „Wie dumm ich war!“ Das war der Beweis: „Flügel sind der Schlüssel zur Freiheit“.

Zwei große Augen

Von Lea Daumer
9 Jahre alt, aus Fürstenfeldbruck in Deutschland

Ich habe mit meiner Familie Urlaub in Griechenland gemacht und jeden Tag im Meer gebadet. Am liebsten tauchte ich mit meinem großen Bruder nach Muscheln und Seesternen. Vormittags war das Wasser klar, nachmittags gab es kleinere Wellen und das Meer wurde etwas trüber.

Eines Nachmittags, als ich wieder einmal im Meer nach Muscheln suchte, berührte mich ganz leicht am Bein etwas Glitschiges. Ich sah mich um und blickte in zwei große blau-rote Augen.

Vor Schreck schnappte ich nach Luft und schrie ganz laut: „Hilfe, eine Qualle!" Panisch strampelte ich ans Ufer zu meinem Papa. Außer Atem und ganz aufgeregt erzählte ich, was ich im Wasser sah.

Papa beruhigte mich und sagte: „Ich schau mal nach, ob es hier wirklich Quallen gibt." Er suchte die Stelle im Wasser ab, wo ich die Qualle gesehen hatte.

Auf einmal lachte er ganz laut, ging noch ein Stückchen weiter ins Wasser und zog etwas heraus. Es war eine leere Plastiktüte mit zwei blau-roten Sonnenblumen darauf.

Da mussten wir alle lachen und ich war erleichtert, dass es keine Quallen gab.

Braunes Langohr

Von Jakob Kurz
8 Jahre alt, aus Albstadt in Deutschland

Mein Name ist braunes Langohr, ich bin eine Fledermaus und befinde mich im Moment noch im Bauch von meiner Mama. Dort ist es sehr warm und kuschelig. Eigentlich will meine Mama, dass ich in den nächsten Stunden auf die Welt komme. Aber ich möchte bei ihr bleiben und meinen gemütlichen Platz noch nicht so schnell verlassen. Also rolle ich mich ganz eng zusammen, verdecke meine Augen wieder mit meinen Flügeln und schlafe gleich weiter. Plötzlich drückt meine Mama mich kräftig nach unten, ich werde wach durch dieses Rütteln und Schütteln und schon schiebt es mich weiter.

Halt, so nicht, denke ich mir und ziehe mich wieder zurück an meinen alten Platz. Doch was soll das! Meine Mama drückt dagegen und so geht das nun eine Weile hin und her. Leider ist am Ende meine Mama der Sieger. Ich falle ziemlich benommen aus ihrem Bauch und bleibe ruckartig an der Nabelschnur hängen. Dort baumle ich nun wie ein Mönch an einem Kirchglockenseil. Ich pendle frierend hin und her und ärgere mich noch mehr, dass ich meinen warmen Platz verlassen musste. Nun streift etwas über meinen Rücken, es ist weich und angenehm und lieg sanft auf dem Flügel meiner Mutter. Dieser ist gespannt und wiegt mich hin und her wie in einer Hängematte. Mein Herz schlägt schneller und es ist mir nicht mehr kalt. Ganz schlecht ist es hier draußen auch wieder nicht, denke ich mir und kuschle mich schnell an und schlafe gleich nochmals ein.

Der Katzenbaum

Von Johanna Vierling
9 Jahre alt, aus Barcelona in Spanien

Es war einmal ein kleiner Kater. Pinsel, so hieß der Kater, war schwarz mit weißen Flecken. Sein Schwanz war schwarz und seine Schwanzspitze war weiß. Das sah aus wie ein Pinsel. Pinsel war bisher ein Straßenkater gewesen. Das änderte sich aber an diesem Donnerstag schlagartig. Und das geschah so:

Pinsel streunte wie immer auf der Straße herum. Plötzlich sah er ein Haus. Es war kunterbunt. Der Schornstein war gelb, das Dach war lila, die Tür war rot, die Fensterrahmen waren grün und das Haus war pink gestrichen. Pinsel gefiel das Haus auf den ersten Blick. Er schlich leise in das Haus hinein und entdeckte zwei Katzen. Sie stellten sich vor: „Ich bin Georg und esse gerne Hering", sagte ein gestreifter Kater. „Und ich bin Elena und esse kein Fleisch", flüsterte eine dünne, elegante schwarze Katze." „Und wie heißt du", fragten ihn die beiden Katzen. „Ich bin Pinsel und habe kein Zuhause", sagte Pinsel und die drei schlossen Freundschaft.

Eines Tages gingen die drei Freunde spazieren. Als sie an einem großen Restaurant vorbeigingen, fragte Georg: „Kannst du schon auf Bäume klettern?" „Nein, das kann ich noch nicht", sagte Pinsel traurig. „Wir können es ja bei dem nächsten Baum versuchen", schlug die elegante Elena vor. Sie gingen weiter bis zu einem kleinen, jungen Kastanienbaum. „Komm Pinsel, ich mache dir es einmal vor, in Ordnung", fragte Georg freundlich. „Gut", murmelte Pinsel schüchtern. Georg kletterte flink wie ein Eichhörnchen den Baum hinauf und wieder runter. „Jetzt du", sagte die elegante Elena. Pinsel kletterte ganz vorsichtig den Baum hinauf. „Bravo, jetzt wieder nach unten", riefen die beide Freunde wie aus einem Mund. „Ich kann nicht", rief Pinsel ängstlich. „Wir kommen und helfen dir", sagte Georg freundlich. Er und Elena kletterten den Baum hoch und halfen ihm. Elena hatte von ihrem Uropa erfahren, dass man die Baumäste mit den Zähnen beim Runterklettern abnagen konnte.

So konnte man sich bequem festhalten. Das machten sie jetzt. So wurde aus dem Kastanienbaum ein Katzenbaum. Und wenn sie nicht gestorben sind, dann sitzen sie noch immer auf dem Katzenbaum.

Das Mäuschen Mimimi

Von Thea Genkinger
7 Jahre alt aus Freiburg in Deutschland

Kam das Mäuschen Mimimi.
Sagt die Rose: „Hihihi."
Sagt das Mäuschen: „Meck",
- ist die Rose weg.
Sagt das Mäuschen: „Ja",
- ist die Rose da.
Machen beide: „Hihihi hahaha",
ist das zweite Mäuschen da.

Wieso es keine Drachen mehr auf Erden gibt

VON IMKE RUHRMANN
9 Jahre alt, aus Oberhausen in Deutschland

Es war einmal ein kleiner Drache, der hieß Feuer. Feuer wollte unbedingt den Mars sehen, weil er in seinem Bilderbuch über den Mars gelesen hatte. Er wollte die kleinen, grünen Männchen treffen. Auf den Bildern sahen sie lustig aus. Seine Mutter sagte: „Das ist zu gefährlich! Wir beiden sind die letzten Drachen auf diesem Planeten."

Doch Feuer, der kleine Drache gab nicht auf. Seine Freunde wollten auch den Mars sehen. Besonders das eingebildete Chamäleon rief: „Ich heiße schließlich Marsen! Mars steckt ja in Marsen und ich kann als einziges Tier meine Hautfarbe dem Mars anpassen." Der Elefant trompetet: „Ich wollte auch immer schon Marsmenschen sehen!"

Das wollten die anderen Tiere auch. Also packten alle ihre sieben Sachen und flogen auf Feuers Rücken - damals gab es noch keine Raketen - zum Mars davon. Feuers Mutter machte sich große Sorgen. Das war auch richtig, denn Feuer wurde müde mit all den vielen Tieren auf dem Rücken und sank zur Erde zurück. Das Chamäleon war so wütend nun nicht zum Mars zu kommen, dass es Feuer verhauen wollte. Da bekam Feuer Angst und auch Feuers Mutter wollte nicht mehr auf der Erde bleiben. Sie kannte den Weg zum Mars und floh mit Feuer schnell dorthin. Der weite Weg machte ihr nicht viel aus, da sie ja eine große und starke Drachenfrau war.

Oben auf dem Mars traf Feuer nun die kleinen, grünen Marsmenschen und freundete sich mit ihnen an. Auch seiner Mutter gefiel es so gut, dass sie nicht mehr auf die Erde zurück wollte.

Deshalb gibt es keine Drachen mehr auf der Erde. Nur wegen des eingebildeten Chamäleons!

Warum?

Von Eva Kukurīte
15 Jahre alt, aus Smiltene in Lettland

Denkst du, dass allein du bist?
Allein in dieser Welt?
Du machst alles, wie du es brauchst und willst,
gedankenlos über niemanden!
Du tust den Tieren etwas zuleide,
wenn du Geld brauchst!
Du nutzt der Tiere Pelz,
damit verdienen du kannst!
Totgeschlagen viele Tiere vor unsere Gelüst,
damit wir sie als Pelzmütze und als
Schlangenhaut-Tasche tragen.
Ist das nicht zu grausam?
Deshalb leiden die Tiere?
Wir zeigen ihnen, dass wir ihre Freunde sind,
aber manchmal sehe ich das nicht.
Wir müssen für die Tiere sorgen,
so wie für uns selbst!

Ein Winter voller Punkte

Von Larissa Gniffke
10 Jahre alt, aus Reichenschwand in Deutschland

„Warum ausgerechnet ein Hase, Theo“, fragte Frau Kunze ungläubig. „Wir sollten Bilder zum Winter malen, nicht zu Ostern“, spottete Jan. „Mein Bild passt wie die Faust aufs Auge zum Winter“, rief ich. Dann begann ich zu erzählen:

„Es war genau letztes Jahr im Winter. Ich ging wie jeden Tag von der Schule nach Hause, Marcus dicht hinter mir. Nicht, weil er mein Freund war, nein, einfach so. Ich wollte gar nicht, dass Marcus mein Freund war. Niemand wollte das. Alle hatten sie Angst vor ihm, auch ich. Man sagte, er habe einmal einen Hund mit dem Gewehr seines Vaters erschossen, und der ist immerhin Jäger!

Doch plötzlich rief Marcus: `Da, ein Hase, ein Kaninchen! Das ist kein wilder, freilebender Hase, also kein Feldhase. Ich kenn mich damit aus.´ Er zeigte dabei in den Schnee. Und tatsächlich, dort saß wirklich ein Kaninchen. Es war weiß und seine Ohren, auch Löffel genannt, schwarz, genau wie seine Schnauze und der Nacken. Die Blume, also der Schwanz des Kaninchens, war ebenfalls schwarz. „Wir müssen ihn anlocken“, sagte Marcus und eilte zu einem gelben Haus.

Vor dem Haus stand ein Schneemann, zu dem rannte er, mopste ihm seine Karottennase und hielt sie dem Kaninchen entgegen. Dieses fing sofort an zu fressen. So konnte Marcus ihn liebevoll hochnehmen. Und von diesem Moment an war ich mir ganz sicher, dass die Geschichte mit dem Hund frei erfunden war. `Ich hab bei mir zu Hause einen alten Hasenstall. Ich nehm ihn mit zu mir, ja Theo´, fragte Marcus unsicher. `Ich geh dann auch zur Zeitung und gebe eine Anzeige auf wegen des Kaninchens. Das ist ein englischer Schecke, das weiß ich genau´, versprach er. Ich war einverstanden und überließ ihm den Hasen.

Drei Wochen später hatte sich immer noch niemand gemeldet. So beschlossen wir, ihn zu behalten. Jeden Tag kam ich Marcus besuchen. Pünktchen nannten wir das Kaninchen, da es so viele Punkte auf dem Rücken hatte. So wurden Marcus und ich Freunde, und Pünktchen bekam ein neues Zuhause, und für uns alle wurde es ein Winter voller Punkte."

Meine Klassenkameraden klatschten. Alle fanden plötzlich, dass ich das beste Bild von allen gemalt hatte. Sogar Marcus, und das, obwohl er doch selber viel besser malen kann.

Das Lied der Schlange

Von Josefine Berkholz
13 Jahre alt, aus Berlin in Deutschland

Kannst du das Lied der Schlange hören?

Die wispernden Verse,
die zischelnden Worte,
die rasselnde Melodie.
So singt sie leise ihr einsames Lied.

Im Verborgenen.

Verführerisch summt sie dir ihr Lied ins Ohr,
die sanften, betörenden Töne.
Mit wallenden Rhythmen die Sinne betörend
versprüht sie ihr süßes Gift.

Im Verborgenen.

Wie klingen die Worte doch schön in deinem Ohr,
wie gerne willst du sie glauben!
Doch die Schlange, sie ist verräterisch
und goldene Lügen spricht sie dir ins Ohr.

Im Verborgenen.

Sie mustert dich lauernd mit glühenden Augen,
ihr Lied, es wickelt dich ein.
Es trägt dich davon, du siehst nicht den Verrat
und die Schlange nutzt ihre Tücke.

Im Verborgenen.

Das Eichhörnchen

Von Bartosz Kolodziej
15 Jahre alt, aus Lodz in Polen

Es gab einmal ein junges Eichhörnchen. Es hatte einen sehr schönen und buschigen Schwanz, auf den es sehr stolz war. Alle seine Schwestern waren neidisch. Einmal versuchten sie sogar in ihrem Neid, es zu töten, aber die Mutter schützte es vor ihnen, weil es die liebste Tochter von ihr war.

Das schöne Eichhörnchen, das Udrun hieß, wurde volljährig und sollte dieses Jahr sein eigenes Leben beginnen. Da es die jüngste Tochter war, gingen seine Schwestern schon aus dem Haus und es war alleine mit der Mutter. Die Mutter schob den Moment des Weggehens von Udrun immer wieder auf, weil sie sie sehr liebte und sie konnte sich ihr Leben ohne ihr Kind nicht vorstellen. Aber sie konnte ihre Tochter auch nicht ewig in der Familienhöhle halten.

Also rief sie eines Tages Udrun herbei, die Zapfen auf einer nahe gelegenen Wiese sammelte, und sagte zu ihr: „Mein Kind, es ist die höchste Zeit, dass du mich verlässt und dein eigenes Haus suchst. Ich kann dich nicht mehr beschützen.“ Das Herz von Udrun krampfte sich vor Wehmut zusammen und sie verabschiedete sich von ihrer Mutter mit Tränen in den Augen. Dann verschwand sie zwischen den Bäumen.

Sobald der Baum aus ihrem Blickfeld verschwand, setzte sich Udrun auf den Ast einer alten, riesigen Eiche und dachte laut: „Der Winter ist nah, die Vögel machen sich schon auf den Weg. Und ich sollte eine Baumhöhle finden und Vorräte anlegen, sonst verhungre ich!“ Auf diese Worte erwiderte die alte Eiche, auf der sie saß: „Siedle bei mir, mein Kind. Ich habe viel Platz und meine Krone ist weit verzweigt.“ „Das stimmt nicht“, erwiderte hochmütig das junge Eichhörnchen, „du bist hässlich. Ich will bei dir nicht wohnen, mein Schwanz ist zu schön dafür.“ Und es lief in den Wald, und die alte Eiche schüttelte nur traurig den Kopf.

Als das Eichhörnchen weiter durch den Wald lief, traf es eine Buche. Die Buche war jung und stark und ihre Äste griffen hoch über andere Bäume. Sie sagte zu Udrun: „Siedle bei mir, mein kleines Eichhörnchen. Mein Inneres ist trocken und gemütlich. Du wirst nicht frieren.“ „Nein! Das kommt nicht in Frage“, schrie Udrun empört „Es ist sehr eng bei dir. Mein Schwanz braucht viel Platz, sonst wird er nicht mehr so buschig sein.“ Und Udrun ging weiter, und die junge Buche lachte über die Dummheit.

Als das Eichhörnchen durch den Wald wanderte, sah es, dass die Strauchzweige sich mit Raureif bedeckten und die Pfützen mit dünnen Eisflächen. Meine Pfötchen frieren schon jede Nacht, dachte es bekümmert, ich muss mich unbedingt beeilen. Es ist jedoch so schwer heutzutage, eine gute Wohnung zu finden.

Kaum hatte Udrun den Gedanken zu Ende gedacht, tauchte vor ihr ein wunderbarer, vornehmer Ahorn auf. Sein Stamm war dick und kräftig und seine Äste schienen bis zum Himmel zu greifen. Er wendete sein Gesicht Udrun zu. Sie schämte sich wohl zum ersten Mal im ganzen Leben. „Meine Kleines“, sagte der Ahorn, „warum hast du dir noch kein Haus gesucht? Der Winter steht schon am Rande des Waldes. Du hast wirklich wenig Zeit und hast sogar keine Vorräte angelegt.“ „Ich habe bisher kein Haus gefunden, das meinen Anforderungen gerecht würde“, sagte Udrun leise. „Kein Baum ist richtig für mich.“ „Was sagst du? Wie kann das sein“, wunderte sich der Ahorn. „Es gibt doch eine große Menge Bäume in dem Wald. Warum entspricht keiner von ihnen deinen Vorstellungen?“ „Keiner ist genügend schön, um ihn mit meinem Schwanz zu beehren“, antwortete das Eichhörnchen, das schon ein bisschen Mut fasste. „Und ich“, fragte der Ahorn ernsthaft. „Bin ich genügend schön?“ „Du bist schön, aber hast du eine Höhle?“ „Nein, aber du kannst dir ein Nest zwischen meinen Ästen bauen.“

„Keine Rede davon!“ Udrun wurde wütend „Willst du, dass mein Schwanz erfriert? Willst du, dass ich von dem Baum falle, damit mein Schwanz schmutzig wird?! Glaubst du, dass ich dann gut aussehe? Deine Äste brauche ich nicht. Leb wohl!“ Und sie lief davon, und der Ahorn weinte über die Handlungsweise des kleinen Eichhörnchens.

Der Winter kam und griff mit voller Wut an. Die Bäume standen nackt und gaben keine Zuflucht mehr. Udrun fror sehr und hatte riesigen Hunger. Sie grub sich im Schnee ein, da sie hoffte, dass es unter der weißen Decke warm ist. Unter dem Schnee war es aber noch kälter. Nach zwei Tagen fand das erschöpfte Eichhörnchen einen dunklen, sumpfigen Platz, der so tief in dem Wald verborgen war, dass der Winter selbst den nicht kannte. Udrun saß da im verfaulten Gras und aß kleine Würmer, die so bitter waren. Sie hatte Sehnsucht nach ihrer Mutter. So erlebte Udrun den Winter.

Mit dem Frühling wachte sie aus der Trägheit,

in der sie der Winter gebrachte hatte, auf. Das Eichhörnchen war erkältet und hungrig, aber zufrieden. „Trotz allem habe ich überlebt“, tröstete es sich. Es war so stark in Gedanken versunken, dass es eine große Pfütze nicht merkte. Machte es einen Schritt weiter, so würde es hineinfallen. Glücklicherweise hielt es zur rechten Zeit an.

Udrun betrachtete sich im Wasserspiegel. Ich bin sehr mager, dachte sie, ich muss etwas zunehmen. Plötzlich merkte es etwas Komisches hinter sich. „Was ist das“, fragte sich das Eichhörnchen ein bisschen erschrocken. Es drehte sich um und schaute in die Pfütze.

Das komische Ding war sein schöner Schwanz, der eigentlich nicht mehr schön war! Er war nass, schmutzig und hässlich. Udrun erschrak. „Nein! Das kann nicht sein“, rief sie. Aber so war die Wahrheit.

Wegen seiner Eitelkeit und seinem Leichtsinn verlor das Eichhörnchen das, was ihm am meisten bedeutet hatte.

Der schlafende Elefant

VON HUBERT GRYGO
11 Jahre alt, aus Krutinnen in Polen

Es war einmal vor langer, langer Zeit, in den Zeiten des riesigen Gletschers, da lebten Mama Elefant und ihr Söhnchen, das den Namen Traba hatte. Familie Elefant flüchtete mit vielen anderen Tieren vor dem Gletscher. Alle hielten sich in einem riesigen Wald auf. Hier war jetzt ihr Zuhause.

Die Elefanten lebten in der großen Wildnis, wo leckeres Gras wuchs. Die Tiere mussten jedoch erneut aus der Wildnis fliehen, weil der Gletscher die Wildnis zu umfassen begann und die Tiere erfrieren konnten.

Eine Gruppe von Tieren ging gemeinsam mit den Elefanten zum Engpass, der jeden Tag kleiner wurde. Sie gingen und gingen bis zu dem Moment, als es zu schneien begann und ein Schneesturm heraufzog.

Der Schneesturm war so heftig, dass sich alle im Schnee verirrten. Traba verlor seine Mama und weinte und hatte Angst. Mama Elefant suchte am Morgen nach dem Schneesturm Traba und fand ihn schließlich: Traba lag im Schnee und weinte. Er wusste nicht, wo er war. Trabas Mama erklärte dem Söhnchen, dass sie weitergehen müssten, weil sich ein weiterer Schneesturm näherte. Sie gingen solange ihre Beine sie trugen zum Engpass, der sich langsam schloss. Das Eis, das sie umgab, wurde immer höher. Sie liefen so lange, bis sie schließlich vor einer großen Wand aus Eis standen.

Mama Elefant und Traba liefen zum Engpass.

Mama lief hindurch und Traba lief hinter ihr her - bis er vor Erschöpfung einschlief. Der Engpass schloss sich und mit ihm wurde der Elefant Traba eingeschlossen.

Es vergingen Tausende von Jahren und der Gletscher begann zu schmelzen und auf dem erfrorenen Traba begann sich der Steinstaub abzusetzen. Bis vor tausend Jahren in der Gegend von Rosocha ein Felsen in Form eines Elefanten gefunden wurde, der bis heute die anderen Felsen bewacht.

Niemand weiß etwas davon, dass sich im Felsen der Elefant Traba befindet.

Die Wanderratte

Von Jonas Prinsen
11 Jahre alt, aus Sankt Augustin in Deutschland

Die Wanderratte schleppte sich den letzten Berg hinauf. Oben angekommen, ließ sie sich ächzend auf eine morsche Bank fallen und genoss den Ausblick über die noch nebelverschleierten Berge. Am Horizont schimmerte bereits blasse Morgenröte durch die Wolkenburgen, als wolle die Sonne einen Kampf gegen die mächtigen Wolkenfestungen entflammen. „Der Himmel brennt“, hatte ihre Mutter immer zu ihr gesagt. Sie hatte Recht gehabt. Doch die Mutter war schon lange tot. Jetzt war die Wanderratte selber alt und das Wandern leid geworden. Die alten Stiefel hatten sie schon über endlose Weiten und nicht enden wollende Gebirgszüge getragen. Jetzt sehnte die Ratte sich nach einem Zuhause mit einem kleinen Kamin und einem weichen Bett. Das ewige Schlafen auf feuchtem Laub war sie leid geworden. Und eines Tages, bei heftigstem Schneesturm, fand sie ihr Traumhaus: eine windschiefe Bretterhütte am Rande einer überhängenden Klippe. Der Bretterverschlag war mit einem Seil an einen dicken Baum gebunden. In der Hütte waren ein kleiner Kamin und ein zwar sehr altes, aber noch sehr warmes, weiches Bett. Die Wanderratte zog ein. Sie lebte dort glücklich bis zu einem gewissen Tag. Es war dunkle Nacht, als die Ratte von einem nicht sehr verheißungsvollen Geräusch geweckt wurde. Sie stürzte aus ihrem Haus und musste mit ansehen, wie das Seil riss und die Hütte von dem wütenden Sturm mit in die Tiefe gerissen wurde. Doch schon nach wenigen Tagen war eine neue Hütte gebaut, mit warmem weichem Bett und einem kleinen Kamin. Und wenn der Baum gehalten hat und die Ratte ein guter Baumeister war, steht das Traumhaus der Wanderratte heute noch.

Mein Freund Burli

Von Marie Meier
7 Jahre alt, aus Braz in Österreich

Burli ist eine Katze, die bei mir, Marie, wohnt. Burli ist oft verspielt und verschmust. Aber wo Burli sich nachts herumtreibt, weiß ich nicht. Eines Tages war Burli bei Schmuddler und sie beschlossen, Mäuse zu fangen. „Aber wo", fragte Burli. „Woher soll ich das wissen! Dafür bist du doch verantwortlich", sagte Schuddler. „Auf der Wiese neben dem Haus", rief Burli. „Das ist eine tolle Idee, Burli! Dann komm!" „Aber wo bleiben Jenny und die anderen", fragte Burli. Schmuddler ging ans Katzofon und rief die Freunde an. „Wo bleibt ihr denn? Habt ihr die Einladung zur Mäusejagd vergessen?" „Upps, wir kommen sofort", sagten die Freunde.

„Da seid ihr ja", rief Schmuddler als die anderen Katzen endlich ankamen. „Wir kommen zu spät zur Mäuseparade. Den Katzenturbo angeschaltet!"

Da fiel Burli ein: „Oh, ich bin Schuld an der Verspätung. Ich habe vergessen, den Freunden die Einladung zu geben." „Ist ja nicht schlimm, Burli", sagten die Freunde, „jetzt sind wir ja da."

Und wenn sie nicht gestorben sind, dann leben sie noch heute.

Retter auf hoher See

Von Lena Kassen
12 Jahre alt, aus Schloss Holte-Stukenbrock in Deutschland

Mein Name ist Jensen und ich bin Kapitän des Segelschiffes „Bonifatius“. Ich habe viele unglaubliche Abenteuer erlebt, aber eines habe ich bis heute nicht vergessen:

Im Jahre 1622 verließ ich mit meiner 200-köpfigen Mannschaft den Hamburger Hafen, um in Richtung Südamerika zu segeln.

Unerwartet gerieten wir in einen gefährlichen Sturm. Es blitzte und donnerte am Himmel, die Wellen schlugen höher und höher. Wir versuchten uns zu retten, indem wir uns irgendwo festhielten, damit wir nicht über Bord gingen.

Der Sturm wurde jedoch immer stärker und lauter. Doch allmählich nahm er wieder ab und nach zehn Minuten verstummte der Sturm ganz. Wir waren alle sehr erleichtert. Es hatte aufgehört zu stürmen.

Doch dann sah ich etwas Schimmerndes aus dem Wasser ragen. Waren das etwa Seeungeheuer? Die Gestalten kamen immer näher. Sie waren schon fast am Boot. Wir saßen in der Falle. Schlagartig begann auch der Wind wieder zu toben.

Die Seeungeheuer tasteten sich immer näher ans Boot heran. Wir brachen in Panik aus. Gleich hatten sie uns erreicht. Doch dann sahen wir einen Delfin wie eine Fontäne aus dem Wasser schießen. Das Wasser spritzte bis ins Schiff hinein. Wir hatten immer noch Angst, die Ungeheuer würden uns angreifen. Doch von ihnen war nichts mehr zu sehen.

Allmählich begriff ich, was los war. Der Delfin hatte die Seeungeheuer vertrieben und mir und meinen 200 Männern dadurch das Leben gerettet. Er tauchte wieder ins Meer ab und verschwand. Wir wussten alle, wir würden ihn niemals vergessen, denn er hatte uns das Leben gerettet.

Vier Jahre später waren wir wieder auf hoher See. Diesmal hatten wir Glück. Wir gerieten in keinen großen Sturm und wurden nicht von Ungeheuern angegriffen.

Doch auf einmal tauchte wieder ein Delfin aus dem Wasser auf und blinzelte mir freundschaftlich zu. In diesem Moment wusste ich: Er war es, mein Retter.

Tagebuch einer ganz normalen Katze

Von Petra Alef
14 Jahre alt, aus Meckenheim-Lüftelberg in Deutschland

15. September 2007: Heute war die Zeitung mal wieder wichtiger als ich. Morgens war ich extra da, um den Zweibeinern einen Gefallen zu tun, na gut, ich gebe zu, ich wollte Futter haben, und was passiert? Ohne mich auch nur im Geringsten zu beachten, gingen die großen Zweibeiner an mir vorbei und nahmen sich die Zeitung. Was soll das? In was für einer Gesellschaft leben wir heutzutage, dass ein Lebewesen weniger als ein ödes Stück Papier wert ist. Natürlich bin ich gekränkt abgehauen. Wenn die Zeitung so toll ist, können sie doch mit der schmusen. Pöh! Unverschämtheit wie ich behandelt werde. Als ich draußen in der gefährlichen Wildnis umherstreifte, bin ich mal wieder im Busch stecken geblieben. Warum passiert das immer mir? Mein Bruder bleibt nie im Busch stecken! Aus Rache an den Zweibeinern lud ich noch ein paar Zecken ein, sich auf mir einzunisten, ha! Mit denen sollten sie sich mal herumschlagen! Vielleicht kümmern die sich dann um mich. Nachdem ich eine Weile im Busch gesessen und über den Sinn des Lebens nachgedacht hatte, entschloss ich mich, den Zweibeinern großzügig zu verzeihen, außerdem spekulierte ich auf ein großes Leckerli. Mühsam kroch ich aus dem Busch raus. Warum ist es eigentlich so einfach, da reinzukommen, und so schwer, da rauszukommen?

Diesmal hatte ich Glück, manchmal bleibe ich den halben Tag in dem Busch stecken. Und meine Glückssträhne sollte weiter anhalten. Kurz darauf erspähte ich eine Maus, von ihrer Herde getrennt. Kein leichtes Spiel für mich, dicke Mäuse mit drei Beinen können unberechenbar sein. Aber da schlugen meine Prärieinstinkte durch. Mutig stürzte ich mich auf die Maus und schlug meine unglaublich beeindruckenden Fangzähne in ihren Hals. Ich muss schon sagen, ich bin echt gut im Mäusefangen, gestern hatte ich auch schon eine. Natürlich lief ich auf dem direkten Weg nach Hause, es dauerte nur eine halbe Stunde länger, weil der Killerhund von nebenan, ein Labrador, der genau auf die Befehle seines Herrchens hört, mir im Wege stand. Normalerweise hätte ich ihm gezeigt, wo der Affe, ähh, ich meine der Hammer hängt. Aber mit der Maus im Mund war ich eine leichte Beute. Zu Hause setzte ich mich, nachdem ich mit der Maus Hockey gespielt hatte - übrigens voll der Schwächling, die Maus hat nur drei Runden ausgehalten - maunzend in den Keller. Ich ließ meiner vor Testosteron sprühenden Stimme freien Lauf. Auch Frauen können so maunzen, doch lange kann ich das natürlich nicht durchhalten, sobald die mittelgroße Zweibeinerin in den Keller kam, sprang ich auf mein weibliches Miauen um. Natürlich wurde ich kräftig gelobt. Ich bin ja auch der Größte, nicht jeder kann so eine tolle Maus fangen. Obwohl sie noch lebte, wurde ich davon abgehalten sie mit einem kräftigen Hockeyschlag gegen die Wand zu befördern. Naja, blitzschnell hab ich die dann aufgefressen, damit die Zweibeiner sie mir nicht wegschnappen können. Ich hab nämlich schon seit langem den Verdacht, dass die scharf auf mein Nassfutter sind. Oft wollen die mich davon abhalten, es zu fressen, aber ich schaffe es trotzdem jedes Mal wieder, mich aus deren Knebelgriff rauszuwinden und ans Futter zu kommen. Worauf die Zweibeiner immer „süß“ kreischen! Ich wette meine unglaubliche Stärke und auch meine maskuline Seite beeindruckt sie mächtig. Als ich dann, nachdem die Maus verspeist war, nach oben getragen wurde, musste ich erst mal eine feuchte Fußmassage über mich ergehen lassen. Dabei wollte ich mir das Blut von den Pfoten lecken. Unverschämtheit! Ich durfte dann noch mit dem riesengroßen Zweibeiner schmusen, wobei der Schreibtischstuhl natürlich meinen Schwanz überrollte, war ja mal wieder klar. So eine Diskriminierung! Als ob mein Schwanz keine Rechte hätte! Der Höhepunkt war dann, dass ich allein zu meinem Bettchen laufen musste! Das ist ja so was von fies! Und anstatt dann beachtet zu werden, wurde ich, nachdem ich mich extra ordentlich gewaschen hatte, nicht hochgenommen! Was erwarten die denn von mir? Das ich zu denen komme? Niemals! Schlimm wie die Gesellschaft heutzutage verkommt! Dieser ganze Kapitalismus! Also legte ich mich schlafen, da mich ja eh keiner mehr beachtete konnte ich ja genauso gut schlafen als aufzubleiben, ist ja kein Unterschied. Ab und zu kam dann vielleicht noch ein mal ein Zweibeiner, streichelte mich oder beleidigten meine Ehre mit Wörtern wie „Sabbermäulchen“, was bitte kann ich für meine Speicheldrüsenstörung? Die meisten Zweibeiner sind ja so was von unzivilisiert. Nun ja, mehr gibt es nicht zu sagen, da ich endlich mal schlafen durfte, obwohl natürlich niemand mit mir geschmust hat, auch wenn ich deutliche Signale gegeben hatte, dass ich schmusen wollte, blieb ich dabei zu schlafen und der Tag ging zu Ende.

Unterm Mond

Von Sabine Hündgen
15 Jahre alt, aus Meerbusch in Deutschland

Unsicher starrte Kitsune auf das Gebüsch ihr gegenüber. Der Wind stand günstig, und die junge Füchsin konnte den fremden Geruch, der zu ihr herüberzog, deutlich riechen. Sie selbst war ebenfalls hinter Blättern verborgen, und zitterte fast vor Anspannung. Hatten sich letztendlich sogar Füchse eines fremden Rudels denen ihres angeschlossen, um sie zu jagen? Ohne auf die anderen Geräusche, Bewegungen und Düfte der Nacht zu achten, war ihr Blick weiterhin auf das Blättergewirr vor ihr gerichtet.

Da war es wieder, das Rascheln. Langsam hörte Kitsune scharfes Hecheln und Schritte, die ein schweres Gewicht träge durchs Gras schleppten. Auf einmal war es wieder still. Seit einigen Sekunden verdeckte eine Wolke den Mond und raubte den fahlen Schein von der kleinen Lichtung.

Plötzlich durchbrach etwas die kurze Ruhe der Umgebung, und eine dunkle Gestalt tauchte aus dem Gebüsch auf. Ohne ein Zeichen der Warnung zu geben sprang Kitsune aus ihrem Versteck und warf sich auf das fremde Tier.

Sie hörte ein lautes Bellen, das ihr in den Ohren dröhnte, und ehe sie ihre Krallen zum Einsatz bringen konnte, traf sie ein gewaltiger Schlag mitten am Kopf. Die Füchsin fiel zurück auf den staubigen Boden und fand auf dem dünnen Gras schnell wieder Halt. Ein tiefes Knurren suchte sich den Weg zu ihren Ohren, welche sie angelegt hatte.

Mit scharfem Blick fletschte auch Kitsune die Zähne, und richtete den Blick auf die drohende Gestalt vor sich. Genau in diesem Moment verschwand die Wolke am Himmel und gab den Mond erneut frei.

Ein großer Wolf sah auf sie hinab, seine Augen enge Schlitze. Er hatte tiefgraues, dickes Fell, und war hatte eine imposante Ausstrahlung. Kitsunes Augen blieben unwillkürlich an den großen Zähnen hängen, die gut sichtbar im Licht glänzten. Um die Angst, und das Pochen des rauschenden Blutes aus ihrem Kopf zu verbannen, knurrte sie lauter.

Der Wolf starrte die Füchsin an. „Freue dich bloß nicht zu früh, ich verteidige mich mit allem, was ich habe, selbst wenn ich wie eine leichte Beute erscheine“, zischte er.

Leichte Beute? Kitsune war irritiert. Selbst ein halbes Dutzend ihresgleichen waren für einen ausgewachsenen Wolf keine Gegner. Doch dann entdeckte sie etwas Glänzendes an seiner Seite - eine lange, blutende Wunde. „Du bist ja verletzt“, entfuhr es ihr, ohne dass sie wusste, was sie sagte.

Weiterhin aggressiv wollte der Wolf etwas erwidern, als er plötzlich zusammenbrach und still liegen blieb. Erschrocken ließ Kitsune ihre Abwehrhaltung fallen, und pirschte sich langsam zu dem Tier heran. „Was ist mit dir“, fragte sie. Als sie nah genug war, um jedes Haar in seinem dichten Pelz erkennen zu können, fuhr der Wolf hoch und schnappte nach ihr. Gerade noch rechtzeitig riss sie sich aus der Reichweite seiner Fänge. „Wo ist dein verdammtes Rudel? Spielt ihr immer solche Spiele, bevor ihr eurer Beute das Leben nehmt? Passt ganz zu euch Füchsen, hinterhältig und sadistisch“, fuhr er sie an.

Bevor sie antwortete, sah Kitsune lange auf

den dunklen Wolf am Boden. „Ich bin alleine. Ich habe kein Rudel mehr.“ Etwas im Blick des Wolfes änderte sich. „Und das soll ich dir glauben? Das ist doch wieder einer eurer Tricks“, knurrte er.

Doch die Füchsin schüttelte den Kopf. „Es ist die Wahrheit. Sieh mich doch an. Sie sagten, ich würde zu viele Jäger wegen meines Fells anlocken und das Rudel in Gefahr bringen. Sie haben mich vertrieben und jagen mich immer noch.“

Der Wolf besah zum ersten Mal das Wesen vor sich. Kitsune hatte ein im Dunkeln intensiv leuchtendes, weißes Fell und einen wunderschönen, langen Schweif. Ihre Augen glänzten gräulich und Ohren, Schnauze und Schwanzspitze waren in tiefes Schwarz getaucht. Er konnte sich vorstellen, dass die Menschen hinter solch einer Gestalt her waren und sie jagten. Und dass das eigene Rudel einem aufs Leben aus waren, verstand er nur zu gut. „Dein Rudel hat dich verjagt“, fragte er nun in einem erstaunlich milden Ton. „Nun, dann erging es dir genauso wie mir. Auch ich wurde verbannt.“

Neugierig schaute Kitsune auf das Tier hinab. Dem Wolf war es genauso ergangen? Sie wusste nicht wieso, doch sie glaubte ihm sofort. „Wieso wurdest du verjagt“, wollte sie wissen. An dem intensiven Blick erkannte die weiße Füchsin es. Der Wolf vor ihr hatte zwei verschiedene Augenfarben, und jedes Wesen im Tierreich wusste, dass dies als Unglück bringendes Zeichen galt. „Ich sehe, du verstehst. Wie ist dein Name“, fragte er. „Kitsune“, antwortete sie ihm. „Und deiner?“ „Man nennt mich Okami“, sagte der Wolf. Seine Züge wurden weicher, und er ließ den Kopf zurücksinken.

Kitsune näherte sich ihm erneut und begann, seine Wunde abzulecken. Nachdem sie damit fertig war, legte sie sich neben ihn. „Dann sind wir zwei wohl alleine“, flüsterte sie. „Hm“, kam es bejahend von Okami.

Beide schwiegen eine Weile, ehe die Füchsin erneut das Wort ergriff: „Was hältst du davon, ein eigenes Rudel zu gründen? Für Einzelgänger? Damit wir nicht mehr allein sind.“ Zunächst antwortete der dunkle Wolf ihr nicht. Mit halb offenen Augen starrte er gen Himmel. „Wir müssen es nicht gleich überstürzen“, meinte er, und schien zu lachen. „Morgen ist schließlich auch noch ein Tag. Sehen wir erstmal, ob wir überhaupt miteinander klar kommen.“

Kitsune nickte und sah ebenfalls hoch. Der Mond stand ruhig am Firmament und wachte auch noch den Rest dieser Nacht, die ihre Leben vielleicht verändern würde, über sie.

Septemberflug

Von Norhild Reinicke
14 Jahre alt, aus Scheeßel in Deutschland

Ein schneidender Windstoß erfasste ihre Flügel und trug sie nach oben. Ganz leicht drehte sie die langen Federn ihres keilförmigen Schwanzes und sauste wieder hinunter, im Zickzack über die ockerfarbene Fläche, die die Menschen Stoppelfeld nannten. Die wenigen Insekten im erwachenden Herbst waren klein und vom Wind verstreut.

Sie war unruhig. Ein Drängen hatte ihr Herz erfasst, hieß sie alle, nicht zu verweilen. Es war spät. Bei den Menschen mochte es Ende September sein. Der Wind, auf dem sie ritt, trug den Winter herbei.

Sie hatten ihn aufgenommen, ihm zu Essen gegeben, als er schwach und rußverschmiert im Wald gelegen hatte. Aber sie waren nicht wie Marie, die er nie wieder sehen würde, und sie würden nie seine Familie sein.

Der Schatten kam plötzlich. Ohne Vorwarnung stieß er mitten in ihre dichte Schar, die tödlichen Klauen blitzten in den letzten Strahlen der versinkenden Sonne. Panisch flog sie tiefer, stob mit den anderen auseinander, auf den Schutz der Bäume zu. Ein Flügel schlug ihr in die Augen und nahm ihr die Sicht, als ihr ein stechender Schmerz durch den Körper schoss. Benommen taumelte sie zu Boden.

Noch nie hatte er sich so einsam gefühlt. Er wollte nur noch fort, und ohne, dass er sich dessen bewusst war, trugen ihn seine Füße zum Waldrand. Er wollte allein sein, konnte ihren Trost und das

Mitleid in ihren Augen nicht mehr ertragen. Die letzte Eiche vor dem freien Feld ragte vor ihm auf und als er sich an die knorrige Rinde lehnte, fröstelte er. Obgleich es erst September war, lag eine ungewöhnliche Kälte in der Luft.

Plötzlich hörte er ein leises Rascheln. Etwas regte sich neben ihm im Gras und als er genauer hinsah, bemerkte er den kleinen Vogel mit der rostbraunen Brust. Sein rechter Flügel war abgespreizt. Es war eine Rauchschwalbe, Marie hatte es ihm einmal erklärt.

Sie spürte, dass sie hochgehoben wurde. Eine leise Stimme drang in ihren Geist, bevor sie Schwärze umfing. Eine ruhige Mädchenstimme ertönte in dem kleinen Raum. Ihm war nie aufgefallen, dass seine Retter eine Tochter hatten. „Sie wird es schon schaffen", sagte das Mädchen und ließ ihn mit der Schwalbe allein. Vorsichtig strich er über den Flügel. Er war nicht gebrochen. Es war der erste Abend, an dem er nicht von Trauer übermannt wurde, sondern seine Gedanken um den Vogel kreisten, dessen Nähe ihm Trost brachte.

Ganz allmählich kehrten ihre Kräfte zurück. Sie fraß wieder und erholte sich, begleitet von einem Wesen mit sanfter Stimme und großen Augen, dessen vorsichtige Berührungen ihr Wärme und Hoffnung gaben. Ihre Angst war schnell geschwunden, doch ihre Rastlosigkeit kehrte zurück.

Die Schwalbe hatte aufgehört zu fressen. Wenn er sie ansah, empfand er ihre Traurigkeit als seine eigene. Eine Hand legte sich auf seine Schulter. „Lass sie fliegen." Er nickte und ging mit dem Mädchen hinaus.

Freude durchströmte sie, als man sie in die Luft warf und sich ihre Flügel spannten. Sie begrüßte die Freiheit und flog in den Himmel hinein, wo sie mit den anderen gen Süden zog. Wehmütig sah er ihr nach wie sie langsam verschwand. Sie war ihm eine Freundin geworden, hatte ihn von der Trauer befreit, von Verbitterung und Einsamkeit. Kühle Finger schlossen sich um die seinen. So standen sie noch lange da und blickten in die Dämmerung.

Erschöpft landete sie auf einem Zweig. Die Reise war lang gewesen. Dann hörte sie es, die sanfte Melodie in der sie ihre eigene Freude erkannte. Und sie erinnerte sich, als der Wind ihre Federn bauschte, ein Wind, der den Frühling trug.

Manchmal

Von Helke Frederich
11 Jahre alt, aus Todtnau in Deutschland

Manchmal möchte man seine Ruhe haben,
wie ein Maulwurf.

Manchmal möchte man Zeit haben,
wie eine Schnecke.

Manchmal möchte man schwerhörig sein,
wie ein Regenwurm.

Manchmal bin ich wie ich bin,
das ist des Reimes Sinn.

Burek und Wasilii

VON TOMEK WALEŃSKI
15 Jahre alt, aus Bydgoszcz in Polen

Die Geschichte begann in Russland im Jahre 1942, in der Nähe von Irkuck. Dort wohnte Herr Wasilii. Er hatte einen Hund, der Burek hieß und der sein bester Freund war. Wasilii wollte sich zur Armee melden. Er wollte ein Pilot werden und das gelang ihm auch. Als die erste Aktion stattfinden sollte, wollte Wasili sich nicht von seinem besten Freund verabschieden und nahm ihn in das Flugzeug mit. Zuerst wusste Burek nicht, was passierte und wo er war.

Er geriet in Panik und war sehr erschrocken. Wasilii machte sich Sorgen um seinen Freund und verbrachte die ganze Zeit mit ihm. Burek gewöhnte sich nach und nach an das Fliegen und es wurde immer schöner für ihn. Burek flog immer mit, er hatte sich in das Fliegen verliebt und alle liebten ihn. Er war zum Maskottchen für die Armee geworden, er brachte immer Glück für seinen Herrn Wasilii. Wasilii war sehr glücklich, dass sein Freund ihn bei seiner anstrengenden Arbeit begleitete. Aber eines Tages konnte Burek nicht fliegen und Wasilii war sehr nervös und hatte Angst vor dem Flug. Ein paar Stunden später hatte Wasiliis Flugzeug ein schweres technisches Problem und musste in Polen landen. Aus diesem Grund kam er mit anderen Flugzeugen nicht zurück. Die Spannung stieg, aber nach sieben Stunden kam das Flugzeug doch zurück.

Nach diesem Unfall trat Wasilii zurück und lebte mit Burek lange und glücklich zusammen.

Tierseelen

VON MAREIKE FRANKE
15 Jahre alt, aus Fintel in Deutschland

Alles herum um mich ist schwarz, die Welt in ewiger Nacht, meine Welt in ewiger Nacht. Ich sehe nicht mehr, wie meine kleine Schwester lacht, ich höre es nur und es verhallt im Dunklen. Ich sehe nicht mehr, wie die Sonne alles wach küsst und der Wind den Bäumen sein Schlaflied singt. Ich kann es nicht mehr sehen. Der Arzt sagt, meine Hände werden meine Augen sein, doch wie soll ich das begreifen, wenn um mich herum das Schwarze herrscht. Ich bin gefangen in der Grausamkeit. „Marianna! Komm, wir wollten doch jetzt los!“ Ich bewege mich unsicher hin zum Auto, ich habe keine Lust, etwas zu machen, ich bin blind. Der Wagen stinkt und ich spüre jede Kurve. Mein Körper geht hin und her, wie der eines Kamels. Hin und her, ich kann nur noch spüren, doch es hat keinen Wert für mich! Ich kann nichts mehr sehen! Als wir ankommen, nimmt mich meine Mutter an die Hand und führt mich durch einen lauten Ort. Ich kann ihn nicht zuordnen, da sind so viele Stimmen. Ich rieche Mist und höre Geschrei von Kindern. Wo sind wir? Meine Mutter lässt mich los. Es ist immer noch so laut. „Mami? Mami, wo bist du? Lass mich nicht allein!“ Ich bin allein, allein und blind. Ich bin verloren. Etwas Weiches schmiegt sich um meine Beine und ich spüre eine feuchte Zunge an meiner Hand. Diese tastet an der Zunge, dann weiter bis ich den Kopf eines Hundes in den Händen halte. Ich weiß, wie sich so einer anfühlt, weil ich früher mal einen hatte, er ist aber auch bei dem Unfall gestorben, an dem ich mein Augenlicht für immer verlor. Ich streichle sein Fell, es fühlt sich glatt und warm an. Er schnüffelt an mir und schleckt meine Beine ab. Das leise Hecheln ist für mich wie der Gesang der Vögel. Es ist ein so lieber Hund. „Na mein Schatz, gefällt er dir? Das ist Levata, das heißt auf Italienisch Sonnenaufgang. Er gehört dir!“ Sonnenaufgang; und in diesem Moment ging die Sonne wieder für mich auf. Ich spürte sie auf meiner Haut, ich roch die Blumen, seinen Gestank, ich fühlte den lauen, warmen Sommerwind in meinen Haaren. Ich wusste, mit Levata würde alles gut werden. Ich spüre: Mein Hund ist zu mir zurückgekehrt, und mit ihm die Sonne. Er würde mich vor der Dunkelheit beschützen.

Das Krokodil

Von Jasmin Röseler
9 Jahre alt, aus Schönebeck in Deutschland

Scharfe Zähne, kurze Beine, dicker Panzer, langer Schwanz.
Sie sind die „Drachen“ des Nils.
Wer sonst hat noch die Dinosaurierzeit überlebt?
Scharfe Zähne, kurze Beine, dicker Panzer, langer Schwanz.
Sein Lebensraum sind die Fluten des Nils.
Bedroht durch das schlimmste Raubtier - den Menschen.
Scharfe Zähne, kurze Beine, dicker Panzer, langer Schwanz.
Sie sind die „Drachen“ des Nils.

Die geheimnisvolle Entführung

VON JONAS HASENCLEVER
9 Jahre alt, aus Lagos in Nigeria

Kommissar Löwenzahn wachte eines Morgens in seinem afrikanischen Polizeirevier auf, reckte und streckte sich, schüttelte seine zottelige Mähne und brüllte sein Frühstücks-Löwenbrüllen.

Da steckte sein Assistent Ele den Rüssel ins Büro. „Es ist was Schreckliches passiert“, trompetete er nervös. „Das kleine Nilpferd-Baby wurde am Fluss entführt!“ Kommissar Löwenzahn zog schnell seinen Mantel an und fragte: „An welchem Fluss, Ele?“ „Nicht am Fluss, im Flussweg“, näselte Ele. „Wo ist die Mutter“, fragte der Kommissar. „Das wissen wir nicht. Schauen wir erst einmal nach dem Nilpferd-Baby.“ Darauf wiederum Löwenzahn: „Wer hat angerufen?“ „Picasso“, erwiderte Ele, der Elefant. „Ist er noch am Tatort“, kam es dem Löwen in den Sinn. „Ich glaube ja“, meinte Ele.

Die beiden fuhren mit ihrem Leomobil zum Tatort. Auf der Fahrt sah Ele die Nilpferdmutter, er rief: „Halt“, und die Kutsche blieb stehen. Er stieg aus und fragte: „Wollen Sie einsteigen?“ „Wo fahren wir denn hin“, wollte die Mutter wissen. „Sie müssen jetzt ganz stark sein“, begann Kommissar Löwenzahn. „Ich bin immer stark! Sie müssen wissen, dass ich Kick-Boxerin bin!“ „Nun, ihr Baby wurde entführt“, erklärte Löwenzahn. „Mein Gott. Wer hat das getan,“ rief die Mutter. Das Nilpferd brach in Tränen aus. „Das wissen wir noch nicht“, sagten Ele und Löwenzahn gleichzeitig. „Wenn ich den in die Finger kriege...“, schluchzte das Hippo wütend. Sie fuhren zu dritt weiter zum Tatort. Auch die Spurensicherung war schon da.

Ele sprach gleich mit den Kollegen mit den hervorragenden Spürnasen: „Hallo Picasso, habt ihr schon was gefunden?“ „Nein, aber trotzdem wissen wir, wer der Täter ist! Es war Säbel-Klinge!“

Der Fall schien leicht lösbar zu sein. „Warum ausgerechnet Säbelklinge“, hakte Löwenzahn nach. Picasso Spürnase schnupperte mit seiner Hundeschnauze: „Ich weiß, wo sein Geheimversteck ist, nämlich in der Nebelbucht. Das Team sprang ins Leomobil und eilte zur Nebelbucht.

Fünf Minuten später überraschten sie den Tiger Säbelklinge und fanden auch das kleine Baby. Kommissar Löwenzahn schrie nur: „Hände hoch oder ich schieße“, und zückte seine Pistole. Da kamen noch andere Polizisten zur Hilfe.

Ele trompetet trocken: „Abführen“, und Mutter und Kind fielen sich glücklich in die Arme. So wurde das Nilpferd-Baby gerettet.

Der schlaue Hase

VON SELINA HENNIG
11 Jahre alt, aus Brisbane in Australien

Es war einmal ein armer Hase, der lebte mit seiner Familie in einem kleinen Bau im Wald. Der Wald wurde „Zwiebelwald“ genannt, weil dort sehr viele Zwiebeln wuchsen. Jeden Tag sammelten Mutter Hase, Vater Hase und ihre sechs Kinder so viele Zwiebeln wie sie finden konnten, um sie am Sonntag auf dem Markt verkaufen zu können.

An einem solchen Sonntag, sah Vater Hase zwei schöne, bunte Papageien, welche sich stritten. Die Papageien waren sehr reich, und kämpften immer darum, welcher von ihnen schöner und reicher wäre. Wenn der eine etwas hatte, wollte der andere es auch haben, nur viel besser.

Der Hase lauschte, worüber sie sich diesmal stritten: „Ich bin viel, viel reicher als du!“ „Ach was! Ich bin viel reicher als du!“ „Nein, das stimmt nicht. Es ist anders herum! Ich bin reicher!“ Und so ging es weiter.

Da hatte der schlaue Hase eine Idee. Er fing an zu rufen: „Zwiebeln, frische, teuere Zwiebeln die sich nur reiche Leute leisten können!“ Da rannten die beiden Papageien so schnell wie sie konnten zu ihm. „Ich möchte ein Kilo Zwiebeln haben“, schrie der erste Papagei. „20 Euro, bitte“, antwortete der Hase.

Der Papagei gab ihm das Geld und sagte zu dem anderem Papagei: „Siehst du! Ich bin reicher als du, ich kann mir diese teueren Zwiebeln leisten!“

Da antwortete der andere: „Ha! Das kann ich auch! Und noch besser!“ Und er kaufte auch ein Kilo Zwiebeln, aber zum doppelten Preis. „Ha ha! Da! Sieh doch! Ich kann es mir zum DOPPELTEN PREIS leisten! Ich bin reicher!“ „Nein, nein, nein, das bist du nicht! Ich werde es dir zeigen“, sagte der andere Papagei. Mit diesen Worten kaufte er noch ein Kilo Zwiebeln, und diesmal für 50 Euro.

So ging es weiter und weiter, den ganzen Tag, bis der Hase keine Zwiebeln mehr zu verkaufen hatte. Die Papageien hatten nun kein Geld mehr, aber jeder einen großen Haufen Zwiebeln.

Der Hase aber hatte einen großen Haufen Geld. Der Hase legte all das Geld in einen Sack und sprang damit fröhlich nach Hause. Die Papageien aber gingen traurig in ihre riesigen Paläste.

Am nächsten Sonntag fuhr der Hase wieder zum Markt. Als er ankam, sah er die zwei Papageien sitzen und rufen: „Zwiebeln! Frische Zwiebeln!“

Er lachte leise in sich hinein und ging seines Weges.

Schmetterlingsmädchen

Von Moira Frank
14 Jahre alt, aus Fintel in Deutschland

Er verfolgte das Spiel der Wolken über sich ohne auf seine Schritte zu achten. Die Straße unter seinen Füßen war staubig und wenig befahren und wurde mit jedem Schritt steiniger und steiler. Sie führte ihn aus dem Dorf hinaus, wand sich zwischen sanften, von kniehohem Gras und roter und weißer Heide bewachsenen Hügeln hindurch und verlor sich irgendwo in der Ferne. Dort, wo die Straße endete, begann eine eigene sich bis an den Horizont erstreckende Welt aus Feldern, Heide und Wiesen, auf denen wilde Blumen und Gräser wuchsen, kleinen Wäldern, die ihre Haine säumten und Hecken duftender, in Blüte stehender Rosen. Schmetterlinge tanzten in der Luft. Er bahnte sich langsam den Weg durch die blühende Wiese hinab zum Fluss. Finger glitten durch Sand. Sanft, zärtlich, wieder und wieder. Wartend. Ein Windhauch streifte die blasse, kleine Hand. Flügel öffneten und schlossen sich wieder, erst hastig, dann langsam, träge, und der Schmetterling blieb wie erstarrt auf der blassen, kleinen Hand sitzen, die noch immer zeichnete. Es war still. Er schloss die Augen und bewegte sich weiter, darauf achtend, nicht zu stürzen. Die Wiese schien nicht enden zu wollen, doch er hörte den Fluss rauschen, hörte das Wasser, und als er die Augen wieder aufschlug, konnte er ihn sehen. Mit der Dämmerung hatte der Himmel sich orangerot gefärbt wie Blätter im Herbst und die letzten Sonnenstrahlen brachen sich im Wasser des Flusses. Berührung. Eine zweite, eine dritte. Stille. Keine Bewegung, nur mit jeder Berührung ein glücklicher Gedanke. Muster entstanden im Sand. Schmetterlingsflügel streiften Hände, Wangen, Schultern, blasse warme Haut. Er watete ohne seine Kleider auszuziehen ins Wasser. Die Kälte lähmte ihn die ersten Augenblicke, dann stand er bis zur Hüfte im Fluss und biss die Zähne zusammen bis er sich an das Wasser gewöhnt hatte. Sanfte Wolken kräuselten sich über den rasch dunkler werdenden Himmel. Die Bäume am anderen Ufer warfen lange Schatten. Nur die Schmetterlinge blieben, tanzend wie Blätter im Wind, bunte Farben, schillernd und wunderschön, wie er sie noch nie gesehen hatte. Fasziniert streckte er die Hand aus, um einen zu fangen, doch sie wichen rechtzeitig aus, flatterten um seinen Kopf. In diesem Moment sah er das Mädchen. Noch immer bewegten sich nur die Finger, ganz leicht, ganz sanft. Schmetterlinge, viele, ein buntes Mosaik, bunte Gedankenfetzen, sie ließen die blasse Haut noch durchscheinender aussehen als ohnehin. Stille. Unruhe. Kaum spürbar, dennoch Unruhe. Atem anhalten, entspannen. Das Mädchen hockte einige Schritte von ihm entfernt auf den Fersen, die Arme von sich gestreckt. Seine langen, dünnen Finger malten wirre Muster in den Sand, das lange, blassblonde Haar fiel ihr in nassen Strähnen über die schmalen Schultern bis an die Ellbogen. Sie wiegte leicht den Oberkörper vor und zurück, wippte auf den Fußspitzen auf und ab und starrte gedankenverloren ins Nichts. Ihre Haut war bleich und ihre Arme von dunklen Sommersprossen bedeckt, ihr Gesicht, das halb vom Haar verborgen war, schmal und kantig. Atem anhalten, entspannen. Schweigen, die Schmetterlinge schlugen kurz mit den Flügeln, bewegten sich, nur einen kurzen Moment lang, und beruhigten sich wieder. „Wer bist du“, fragte er. „Was machst du hier?“ Keine Antwort. Er watete durch das Wasser auf das Mädchen zu, langsam, als fürchtete er, sie könne aufspringen und fortlaufen. Ihr schmutzig-weißes Kleid war bedeckt mit bunten Farbflecken, als habe sie gemalt und dabei nicht auf ihr Aussehen geachtet. Selbst ihre nassen Haare hatten sich gefärbt. Dann sah er, dass auf ihren Schultern, ihrem leicht gebeugten Rücken, selbst auf ihren Knien, Armen und Wangen und in ihrem Haar Schmetterlinge saßen, die Flügel ausgebreitet, leicht wippend, als spürten sie, dass jemand in der Nähe war. Doch sie flogen nicht davon. Das Mädchen saß ganz still. „Wie heißt du“, versuchte er es noch einmal zaghaft. „Schweig doch nicht. Sieh mich an, ich will dir nichts tun.“ Ein Kopfheben. Ihr Blick war ins Leere gerichtet. Sie sah ihn an und sah ihn gleichzeitig nicht, und ein Schmetterlingsflügel legte sich über ihr Auge. Sie war blind.

„Ich glaube, ich habe keinen Namen“, sagte sie leise und ein Lächeln huschte über ihre Lippen. „Schmetterlinge haben auch keinen Namen.“ „Weshalb tun sie das, die Schmetterlinge?“ Das blinde Mädchen lächelte noch immer leicht. „Weil ich nicht sehe. Weil ich fühlen kann. Deshalb kommen sie.“ Er setzte sich neben sie in den Sand und sah sie an. „Vergiss die Welt. Vergiss die Menschen“, sagte sie nach langem Schweigen. Eine sachte Berührung auf seinem Handrücken ließ ihn aufblicken. Ein Schmetterling saß dort, schillernd rote Schuppen im Licht der untergehenden Sonne, durchzogen von Gelb und Blau. Er schloss die Augen und vergaß die Welt und die Menschen. Der Schmetterling auf seiner Hand flog nicht davon.

Kleiner grüner Drache

Von Lea Otterbeck
11 Jahre alt, aus Velbert in Deutschland

Hallo, ich bin Lea. Ich wohne in einem kleinen Dorf, das „Quenty-Dorf" heißt, aber die meisten nennen es „Bücherhasserdorf", denn niemand in unserem Dorf mag Bücher, alle hassen Bücher, nur ich nicht. Ich liebe Bücher über alles. Da alle im Dorf Bücher hassen, gibt es auch keine Bücherei.

Nur früher gab es eine, aber die war mittlerweile eine Ruine. Ich frage mich oft, warum überhaupt eine Bücherei in unserem Dorf einmal war.

An einem Sonntagmorgen ging ich also zur Ruine, um zu schauen, ob irgendwo noch Bücher lagen. Aber zu meinem Entsetzen sah ich, dass alle Bücher verbrannt waren. „Was suchst du", fragte mich eine ängstliche Stimme. „Seit ihr immer noch nicht zufrieden?" Erschrocken fuhr ich zusammen. Ich drehte mich um und ein kleiner, grüner Drache schaute mich an. „Ich, ich wollte nur nach Büchern suchen", antwortete ich stotternd.

Und der grüne Drache erzählte mir, dass früher einmal alle Bücher liebten und um die Bücher zu behüten, Drachen hielten. „Welche Drachen", fragte ich. „Uns, die kleinen, grünen Drachen", antwortete er und erzählte weiter: „Doch dann auf einmal hassten sie die Bücher wie die Pest und brannten die Bücherei ab. Alle Drachen flogen weg, nur ich konnte nicht, ich wollte die Bücherei nicht verlassen. Und nun bin ich hier." „Ich liebe Bücher, genauso wie du", sagte ich. „Sollen wir fliegen", fragte er. „Ja, gern."

Ich setzte mich auf seinen Rücken. „Aber wie willst du denn fliegen“, fragte ich. „Natürlich mit meinen Flügeln“, antwortete er. Er drehte seinen Kopf um und schaute nach hinten und zu seinem Entsetzen sah er, dass seine Flügel weg waren. „Oh, nein, jetzt ist es doch wahr. Die Sage besagt, dass ein kleiner, grüner Drache ohne ein Buch in den letzten Tagen gelesen zu haben, keine Flügel besitzen kann. Und hier gibt es keine Bücher.“ „Dann schreibe ich eine Geschichte“, erklärte ich.

Ich holte ein Blatt und Stifte und schrieb schnell eine Geschichte. Auf einmal wuchsen kleine, weiße Flügel auf seinem Rücken. „Juhu“, riefen wir.

Wir flogen bis in die Nacht hinein. Die Ruine wurde unser Hauptquartier. Wir trafen uns jeden Tag und gründeten den Papierfresserchen-Club.

Unsere Autoren

Annette Langen: Die bekannte Kinderbuchautorin hat das Vorwort für das vorliegende Buch verfasst. Die gelernte Buchhändlerin und Verlagslektorin arbeitet seit dem Jahr 2000 als Kinderbuchautorin und hat dem Hasen Felix, der so gerne um die Welt reist, das Leben geschenkt. Ihre beiden Kinder geben Annette Langen oft Impulse zu neuen Buchfiguren.

Foto: Andrea Kühlken, Medienfabrik Gütersloh

Walburga Wedig: Geboren und aufgewachsen ist die Illustratorin, Malerin und Grafikerin Walburga Wedig in Werl. Sie studierte Kunst und Grafik-Design an der Märkischen Kunstakademie in Schwerte, arbeitet als Grafikerin und Grafik-Designerin und stellt seit vielen Jahren ihre Bilder und Zeichnungen in Ausstellungen einem größeren Publikum vor. Heute lebt sie mit ihrem Mann und ihren Tieren in einem kleinen Ort nahe Warburg.

Martina Meier: Die Herausgeberin dieses Buches hat ein halbes Jahr lang rund 500 Märchen, Erzählungen und Gedichte von Kindern im Alter zwischen 5 und 15 Jahren gesammelt. Die schönsten finden sich in diesem Buch wieder. Martina Meier ist Journalistin, Autorin, Verlegerin und Mutter einer lesehungrigen siebenjährigen Tochter, die natürlich auch eine „tierische Geschichte" verfasst hat.